PIERRE GROSSIN

LA

PROVINCE MUONG

DE HOA-BINH

(DEUXIÈME ÉDITION)

ÉDITIONS DE LA
REVUE INDOCHINOISE
HANOI - MCMXXVI

LA PROVINCE MUONG
DE HOA-BINH

PIERRE GROSSIN

LA
PROVINCE MUONG
DE HOA-BINH

(DEUXIÈME ÉDITION)

ÉDITIONS DE LA
REVUE INDOCHINOISE
HANOI-MCMXXVI

LA PROVINCE MUONG

DE HOA-BINH

I

LE pays que traverse la Rivière Noire est le moins connu, peut-être, de la haute région tonkinoise. Son climat inspire une crainte véritable et profonde aux Annamites du delta. Pourtant son insalubrité n'est pas plus grande que celle d'Ha-Giang, par exemple, et sa richesse économique latente est grosse de possibilités futures.

Mais jusqu'à ces derniers temps les provinces de Son-La et de Hoa-Binh, le territoire de Lai-Châu demeurèrent les parents pauvres. Les routes coloniales les traversant n'avaient de routes coloniales que le numéro dont elles étaient parées. Pourtant, cela changea. L'attention s'est portée vers cette région et un projet d'emprunt a pour but la pénétration du Haut-Laos par Son-La et Diên-Biên-Phu. Alors l'Annamite du delta surpeuplé émigrera peut-être, qui ne s'installe à demeure que si la route est là, trait d'union permanent, lui permettant de regagner son village d'origine à l'instant même qu'il le décide. La chaloupe, la pirogue assurent des transports plus rapides, évitent des fatigues, permettent la colonisation européenne. Seule, la route assure le peuplement.

Dans son isolement, le pays Muong et Thay a vécu sa vie calme, sans préoccupations de relations extérieures. L'administration opportuniste de cette moyenne et haute région s'accommodait même de cet isolement, non sans charme. La sécurité absolue régnant, point n'était besoin de pousser activement les routes nécessaires aux troupes et à l'artillerie, premières causes déterminantes, trop souvent, des premiers travaux d'accès.

Certes, il y eut quelques révoltes ; mais elles ne furent pas toujours dues aux autochtones. La population indigène aime le calme, et l'affaire dite des Mèos ne fut qu'un incident.

Aurait-elle même eu lieu, cette révolte, si nous avions mieux connu les coutumes, les superstitions, l'histoire des familles, des clans ; si nous avions su manœuvrer et si, par suite, à un certain moment, le premier coup de fusil n'était pas parti.

Par cette étude sur la province de Hoa-Binh, nous voudrions faire connaître la partie du pays Muong si voisine de Hanoi et où pourtant, même en touristes, bien peu se sont rendus encore, malgré l'attrait des sites, les types des habitants, les terrains de chasse. Nous nous sommes aidés de travaux et notes de certains de nos prédécesseurs, MM. Moulié, Lévy, Fitz Patrick, Bonnemain, Louis. Qu'ils nous en excusent et reçoivent ici nos remerciements. Nous remercions également M. le Commandant Dussault, chef du Service géologique de l'Indochine qui voulut bien nous adresser la notice géologique résumée sur la province de Hoa-Binh, insérée dans notre étude.

Notice géologique.

Au point de vue géologique, la province de Hoà-Binh est divisée en deux parties distinctes par la boucle de la Rivière Noire.

A l'intérieur de cette boucle, substratum cristallin et des terrains primaires ; à l'extérieur, vers le sud, quelques petites apparitions de substratum cristallin à travers les terrains secondaires de la série intermédiaire laquelle supporte la zône charriée.

1o — A l'intérieur de la boucle de la Rivière Noire, le substratum cristallin apparaît par les gneiss de Phu-Tho qui se prolongent par La-Phu et ceux du Nord de Dà-Chong. Un massif de granite forme la chaîne du Nui-Hên au N. O. de Tu-Ly.

Sur ce substratum cristallin repose la série de terrains paléozoïques : calcaires, grès et schistes attribués au dévonien. Tous ces terrains disparaissent sous les formations de la rive droite de la Rivière Noire.

2o — Sur cette rive droite, à l'extérieur de la boucle de la Rivière Noire, nous ne voyons le dévonien que sur une très petite surface limitée au sud par la montagne du Doi-Ong-Gao.

Au delta et en commençant par les terrains les plus inférieurs, nous ne trouverons que deux petits affleurements de substratum cristallin sous forme de granite dans le fond de la vallée qui débouche dans le Song-Boi vers Co-Chon, dans le canton de Kim-Boi. Sur ce

Chaloupe « La Louise » de la Société Sauvage faisant le service Hanoi-Chobo

granite repose la série intermédiaire comprenant des schistes, des grès et des poudingues allant du trias au rhétien et au lias.

Ces terrains secondaires contiennent des intercalations de roches éruptives (porphyrites et rhyolites aux N. Doi-Thoi, N. Doi-Coi, N. Da-Roc, N. Vien-Nam et au Ba-Vi). Sur cette série intermédiaire ont été poussés les calcaires de la zône charriée.

Ce sont les calcaires de Nui-Chu, de Cao-Phong, de Dong-Vai, du Nui-Tam, de la falaise calcaire au sud de Cho-Bo, y compris la brèche du barrage. Le rocher Notre-Dame lui-même est un lambeau de cette zône de charriage (1).

Certains coins du pays muong ont l'aspect de la baie d'Along, surtout lorsque le sol d'où les rochers émergent se confond avec la pénombre du soir.

D'immenses forêts couvrirent, autrefois, les mamelons, en grande partie déboisés aujourd'hui, par la pratique des rays, les incendies d'une partie de la forêt pour la culture du riz de montagne ou du maïs. La brousse épaisse et haute, chaque année détruite par le feu, a pris la place de cette richesse sylvestre saccagée, souvent sans raison, par les Mans et les Thos, habitant les hauteurs, voire par les Muongs, surtout ceux des basses classes du village, par les étrangers, également, venus se fixer là, à qui une part de rizière communale ne fut point allouée. Ces incendies dans des régions où parfois n'existe pas la rizière de plaine et où le peu qui existe est accaparé par les notables et les quan-lang, permettent d'éviter une, deux, parfois trois années l'emploi d'engrais, grâce aux cendres des arbres et des herbes brûlés. Lorsque le sol épuisé, lavé par les pluies torrentielles de juin à septembre deviendra trop pauvre, le cultivateur abandonnera tout simplement le coin de mamelon où, à hauteur d'homme, il coupa les arbres pour alimenter l'incendie. La brousse remplacera la forêt, parfois des bambous pousseront, le tigre continuera à régner en maître en ce domaine. Et le soir, comme un immense dragon de feu se glissant et s'allongeant sur les flancs des monts, nous verrons l'incendie s'étendre en d'autres endroits.

Sur les nombreux mamelons de la province les essences les plus riches pour les travaux d'ébénisterie, de menuiserie et de charpente,

---

(1) Commandant Dussault.

voisinent avec les bois ordinaires., les lianes, les bambous, même le cotonnier (1).

La Rivière Noire ou Song-Bo, descendant du Yunnan, décrit dans la province un parcours de 80 kilomètres. Les chaloupes fluviales la remontent jusqu'à Cho-Bo, difficilement pendant la période des basses eaux, c'est-à-dire de fin octobre à mars, à cause des bancs de sable. Ayant un lit très large jusqu'à Hoa-Binh, aux rives alluvionnaires, la Rivière Noire coule, entre Cho-Bo et Hoa-Binh, entre les massifs calcaires des berges resserrées. En tout temps de grosses jonques se rendent jusqu'à Cho-Bo où un important marché a lieu tous les dix jours, ainsi qu'à Phuong-Lâm. Au-dessus du barrage la navigation se fait uniquement en pirogues. Elle serait cependant possible en chaloupe à vapeur jusqu'à Su-Yut. C'est pour permettre cette navigation qu'en 1890 M. Morel avait voulu creuser à Cho-Bo un canal évitant le barrage que le génie avait vainement essayé d'entailler à la dynamite pour y tracer un chenal. Divers sondages encourageants furent faits (rive gauche); mais M. Morel changea de poste et le projet fut abandonné.

La province de Hoa-Binh est accessible en chaloupe par la Rivière Noire et par la route coloniale Hanoi, Ha-Dông, Phuong-Hai, Hoa-Binh, Cho-Bo, Su-Yut.

Nous ne traiterons point ici de la géographie de la province, nous nous contenterons de dire que cinq châus la composent aujourd'hui : Luong-Son, Ky-Son, Lac-Son, Da-Bac et Mai-Châu.

Son climat, très agréable pendant la saison froide, est pénible et malsain pendant la saison des pluies. La circulation devient du reste alors presque impossible. Mais l'hiver le pays est merveilleux et nous ne pouvons qu'encourager les touristes à l'aller visiter.

Les légendes. La terre était inhabitée. Un jour, un arbre magnifique appelé « si », poussé sur la montagne, fut renversé par une violente tempête. De cette chute naquirent deux oiseaux qui firent leur nid dans la grotte « Hào », aujourd'hui « Hang-

---

(1) L'inventaire en a été établi en septembre 1922 par M. Louis, Résident de Hoà-Binh et adressé au Service forestier du Tonkin.

Ma-Chung-Diên », du hameau de Phu-Nhiên, commune de Ngoc-Hảo, huyên de Gia-Viên, province de Ninh-Binh (1).

Ils pondirent cent œufs dont trois remarquables par leur grosseur et furent changés en hommes. C'est ainsi que naquirent « Ay » et « Ua », les premiers hommes de la race autochtone. Cinq mois déjà étaient passés et les œufs n'éclosaient point. Désespérés Ay et Ua s'en vont par les forêts. A « Dam-Cha-Cu » et « Gia-Cha-Giang » qu'ils rencontrent, ils exposent leurs soucis. « Par couches de cinquante œufs », conseillèrent ces sages-femmes divines, « placez les œufs entre des « lits épais des herbes merveilleuses que voici. Recouvrez avec soin. « Tous les cinq jours, changez les couches d'œufs…. Placez à la partie « inférieure ceux du dessus et réciproquement. Dans cinquante jours, « les cent œufs écloront ».

Ay et Ua avaient à peine remercié que les déesses disparurent dans la forêt.

De retour dans leur grotte, Ay et Ua suivirent fidèlement les conseils des fées. Aussi cinquante jours après, quatre-vingt-dix-sept œufs éclorent donnant naissance aux différentes races ; cinquante devant peupler le delta et quarante-sept la haute région. Ainsi furent créés les Muongs, Mans, Méos, Tho-Dan, et Tho-Trang.

Les trois plus gros œufs n'étant point éclos, Ay et Ua demeuraient consternés. Aussi regagnèrent-ils les forêts dans l'espoir de rencontrer les fées. Les retrouvant, ils content leur tristesse. Dam-Cha-Cu et Gia-Cha-Giang les consolent, leur affirmant que ces trois œufs donneront au bout de cent jours naissance à des enfants distingués.

Elles disparurent. Plus confiants, Ay et Ua revinrent chez eux.

Au centième jour, les trois œufs éclorent, en effet. Le premier donna naissance à Dai-Ca, le deuxième à « Lang-Da-Can », le troisième à une fille : « Cô-Nuong-Kit ».

Tous vécurent dans la grotte « Hang-Da-Lôi-Vang » jusqu'à l'adolescence des enfants.

----

(1) Une autre légende leur fait pondre un œuf carré duquel sortit le premier homme « Lang-Cuu-Can ». Celui-ci engendra à son tour beaucoup de fils et de filles qui se divisèrent en deux peuples. Les uns, habiles dans tous les arts, habitèrent les plaines appelées « Hoa-Đân » dans le Kinh-Ky ; les autres, plus simples, vinrent sur les montagnes « Tho-Dan » chez les Muongs ; (Le Tonkin Muong par MM. Gouin et Moulié).

Les Muongs, nés les premiers, se nourrissaient de fruits et passaient la nuit dans les grottes ; mais ils étaient la proie des fauves, leurs terres demeuraient incultes, ils ignoraient le feu, pour eux la vie était dure.

« Chi-Quyên-Chap », notable des Muongs et « Chi-Quyên Cho », doyen des hommes du delta, se rencontrent et s'exposent leurs malheurs : les habitants des deux groupes dévorés par les fauves, leur ignorance de tout pour améliorer leur sort. Aussi décident-ils de se rendre à la grotte « Ha-Da-Lôi-Vang » (aujourd'hui Nang-Vang, dans la commune de Vô-Hôt, près du hameau de Phu-Nhien) près de Lang-Da-Can et de le nommer roi.

Mais Lang-Da-Can refuse le pouvoir qu'il cède à son frère aîné. Lang-Dai-Cai obéissant à l'injonction de son cadet suivit les envoyés des habitants.

Hélas, en cours de route, il fut dévoré par la chimère « Yen-Hoà-Tinh ».

Chi-Quyên-Chap et Chi-Quyên-Cho rebroussèrent chemin, exposent ce désastre à Lang-Da-Can, le prient de se laisser nommer roi du pays et lang des Muongs.

Avant d'accepter, Lang-Da-Can posa les conditions suivantes : les Muongs devront lui fournir une demeure, lui chercher une femme et des concubines, s'occuper des funérailles de ses parents, lui procurer des serviteurs (1).

Lorsque les habitants qui s'engagent avec leurs descendants, à se soumettre indéfiniment aux langs, abattront des porcs, buffles ou bœufs, le lang aura l'épaule et les jambons des cerfs et autres animaux tués à la chasse. De son côté il promet de mettre en culture les terres des Muongs et de les instruire. Il se réserve un quart des bonnes rizières que ses sujets cultiveront pour lui. Les trois autres quarts formeront leurs parts. Au cas où ces engagements seraient violés, les habitants subiraient toutes sortes de fléaux, leurs terres seraient ravagées par les animaux.

Puis Lang-Da-Can choisit un jour faste pour commencer son œuvre.

-----

(1) En ces légendes, point particulières peut-être au pays Muong, nous trouvons toutefois les principes des pouvoirs des Quan-Lang. C'est pourquoi nous les avons recueillies, venues à nous par tradition orale.

Mais, un obstacle se dressait encore devant lui : « Hoá-Tinh ». Il fallait tuer cet animal fabuleux à forme de chimère.

« Chi-Quyên-Chap » « et Chi-Quyên-Cho » proposèrent le concours de « Mo-không-chi-khô », prêtre Muong. Celui-ci employa neuf herbes, dites : *co-bach,* neuf tiges d'herbes dites : *co-cai* et neuf autres brins de l'herbe : *co-dong,* afin de sanctifier l'eau avec laquelle il combattit « Hoa-Tinh ». La lutte dura dix jours, puis « Hoa-Tinh » eut les membres brisés et sa taille se rapetissa à la longueur d'un simple bambou. Aussitôt après cette victoire de « Mo-Kong », « Lang-Da-Can » se laissa nommer « Lang » au pays des Muongs et roi du delta. Et cela en un jour faste choisi par lui.

..... Mais les gens vivaient dans des huttes ; nul ne savait construire de maison, le feu était inconnu. Aussi « Lang-Da-Can » ordonna-t-il à « Chi-Mu-Mông », son lieutenant, d'appeler devant lui « Da-Cam-Cot », créateur du feu, afin de préparer les aliments. « Da-Cam-Cot » se rendit dans les forêts y chercher la liane « *Cây Nang* » de laquelle jaillit l'étincelle et se servit de la plante « *cây-mac* » en vue de la conserver. Lang-Da-Cân conduisit alors ses sujets sur des terres qu'ils débroussaillèrent. Un jour, il rencontra une tortue couleur d'or, de la grandeur d'un lit de camp. L'animal saisi et emporté allait être tué pour le repas, lorsque tout à coup il implore grâce, offre contre sa vie un modèle pour la construction des maisons. La proposition acceptée, la tortue se dresse sur ses pattes semblables à quatre colonnes. La carapace devint la demeure et les écailles les tuiles.

Lang-Da-Can adopta ce modèle et ordonna à ses serfs d'édifier ainsi leurs habitations.

Merveilleusement logé, « Lang-Da-Can » désira une femme. Les deux entremetteuses « Ba-Mo-Rech » et « Ba-Mo-Rang » furent envoyées par lui dans le firmament solliciter de « Sao » (étoile) la main de sa fille « Sang » (lumière). Sao accueillit la demande et fixa un jour faste pour le mariage. Au jour désigné, les serviteurs se préparèrent à aller présenter les cadeaux rituels à la fiancée. Mais comment parvenir auprès d'elle ? Seule « Mo-Rech » avait des ailes. Force fut donc de revenir rendre compte à Lang-Da-Can.

« Mo-Rech » lui conseilla de parcourir le pays à la recherche d'une femme digne d'être reine.

Au cours de ses randonnées, « Lang-Da-Can » rencontra la fille de Thuy-Tê, le roi des eaux. Il s'approche, la flatte, lui propose de devenir sa femme. Mais la fille de Thuy-Tê disparut subitement. Aussi « Lang-Da-Can » en fut-il réduit à épouser sa sœur « Nang-Kit ».

Elle mit plusieurs enfants au monde. Tous moururent.

Emues de ces événements fâcheux, les déesses « Dam-Cha-Cu » et «Gia-Cha-Giang» descendirent du ciel et conseillèrent à Lang-Da-Cân de s'adresser à « Gio » et « Giam ». Ces devins prévinrent Lang-Da-Can que frères et sœurs ne pouvaient se marier ensemble ; que, s'il désirait vivre heureux, l'homme et la femme devaient se couper les cheveux. Du bétel et des noix d'arec furent remis à « Ba-Mo-Rech » et « Ba-Mo-Rang » (entremetteuses) qui choisirent une femme pour le chef ; de cette seconde union devaient naître des enfants viables. Le jour faste pour la cérémonie fut déterminé.

Les habitants apportèrent des bestiaux, du riz pour les festins. Puis à l'issue de la cérémonie, la femme reçut le nom de *Ba-Chu-Ba-Chuông*. Neuf garçons naquirent : l'aîné remplaça son père et devint roi. Les huit autres formèrent les quatre familles : Dinh, Quach, Bach, Hoàng, ancêtres des Langs au pays des Muongs. Neuf filles naquirent également qui devinrent femmes des langs des châus.

Rit-Rang succédant à son père sur le trône disposait de grandes quantités d'or et d'argent. Mais le dieu « Kem-Ca » apparut et lui fit remarquer que s'il possédait de grandes richesses il n'avait point de palais. Aussi lui apprit-il qu'au nord du pays existait un arbre en fer et à l'ouest un arbre en cuivre. Leurs troncs mesurent 14 brassées de diamètre. Ils atteignent presque le ciel. Leurs fruits sont de cuivre, leurs fleurs d'argent, leurs feuilles ressemblent à celles dites « cong-danh ». Ces feuilles et ces fleurs, lorsque le vent souffle, produisent un bruit semblable à celui du tonnerre. Il lui propose d'utiliser ces arbres pour la construction des châteaux et des palais.

Devant toute la Cour et les partisans réunis au bruit des tambours, Rit-Rang ordonna d'envoyer chercher l'arbre dit « Cây-chu-dông » du côté de l'ouest pour en faire des châteaux.

La Cour exposa au roi que seuls les frères « Da-Dan » et « Da-Det » qui chassaient dans les forêts et qui souvent allaient percevoir des contributions au pays des Muongs, pouvaient assurer une telle mission.

Ordre formel fut alors donné à Da-Dan et Da-Det de trouver, coûte que coûte, ledit arbre de l'ouest.

Da-Dan et Da-Det se mirent en route et suivirent l'itinéraire suivant : Câu-Rên, Câu-Dât, village de Bât-Buoi, bac de Tê-Tiêu, marché de

Cho-Duong (Cho-Bên), Ba-Dên, hameau de Yên-Lich, Cho-Gioi, Chông-Mâm, Chông-Thai, Xom-Co, commune de My-Thanh, Xom-Che (commune de Van-Lang).

Arrivés à Xom-Che, ils rencontrèrent plusieurs jeunes filles ordinaires. Da-Dan et Da-Det s'adressèrent en ces termes aux nobles filles de Xom-Che et de Xom-Chong du village de Yên-Diêm.

« Ici les mares sont bonnes, il doit y avoir beaucoup d'escargots ;
« ici les arroyos sont limpides, les poissons doivent être très nombreux ;
« ici les forêts sont verdoyantes, les cerfs doivent être sans nombre ;
« ici la flore est splendide ; y a-t-il des arbres dits : « Cây-chu-dông » ?
« — Bien que nos mares soient bonnes, il n'y a pas d'escargots ; nos
« arroyos sont limpides, mais les poissons font défaut ; nos forêts sont
« verdoyantes, mais aucun cerf ne s'y trouve ; la flore est splendide,
« mais il n'existe pas d'arbres dits « Cây-chu-dông ».

Da-Dan et Da-Det continuèrent leur route. Successivement, ils atteignirent Chong, Ngoc-Lân, Xom Gia-Mu, Rach-Mu, Thung-Du, Thung-Am, Thung-Vo, Vo-Châu, Dông-cuu-Nai, Bên-Ai, Bên-Chuôi, Dô-Ly-Lai, dépendant de Ong Cun-Ong (village de Thiêt-Ung).

La nuit tombait, Da-Dan et Da-Det campèrent.

A l'aurore Da-Dan et Da-Det entendirent le cri des animaux qui entouraient l'arbre «*Cây-chu-dông* ».

Au grand matin, Da-Dan et Da-Det aperçurent l'arbre Chu-Dông sous l'aspect merveilleux de châteaux et de palais.

Comme ils approchaient, l'arbre leur demanda : Quel est donc le vent « qui vous amène ici de grand matin ? Que signifient ces boucliers et « ces arcs ? Pourquoi cette cloche ? — « Porteurs de l'ordre dn Roi *Rit-* « *Rang*, nous allons à la recherche de l'arbre Chu-dông que nous « couperons pour le lui présenter. — Possédez-vous la fleur créant des « poissons, la feuille donnant le riz ? — Non ».

L'arbre Chu-Dông leur proposa alors de les leur offrir, à condition de ne point informer le roi de leur découverte. Du reste, s'ils ne se conformaient pas à ce conseil, ils mourraient avec lui.

L'accord conclu, l'arbre laissa tomber une fleur à poissons et une feuille à riz. La fleur donne à son propriétaire le pouvoir de se procurer les poissons nécessaires à sa subsistance ; la feuille lui fournit du riz à discrétion. Il lui suffit, pour tout cela, de manifester verbalement un simple désir. Effectivement, Da-Dan et Da-Det obtinrent satisfaction dès qu'ils le désirèrent.

De retour, Da-Dan et Da-Det déclarèrent que leurs recherches étaient demeurées vaines. Mais chez eux, ils contèrent à leurs femmes que bien qu'ayant trouvé cet arbre, ils n'avaient point osé l'avouer, car *Chu-Dông* leur avait donné une fleur et une feuille magiques. Ils ont d'ailleurs juré de mourir ensemble si le roi parvenait à connaître l'existence de cet arbre et à le couper.

Rit-Rang, cependant, avait dépêché des émissaires auprès des deux frères et ses émissaires surprirent leur conversation, alors que naïvement ils entretenaient leurs femmes du don reçu. Le roi renseigné rusa, simula une fête de dix jours à laquelle prirent part tous les sujets et gens de la cour. Il fut décidé, au cours des festins, que celui qui connaissait une histoire intéressante, la pouvait conter à son aise. Da-Dan et Da-Det grisés, sortant de leurs poches le cadeau de l'arbre, en révélèrent les propriétés merveilleuses.

Aussitôt Rit-Rang de décréter que tous ses sujets devaient l'accompagner jusqu'à l'arbre et que les frères Da-Dan et Da-Det les guideraient. Ils s'en furent alors à Cun-Ong (village de Thiêt-Ung) et campèrent à l'entrée de ce village. Le thô tu (thô-lang) et les habitants apportèrent des présents au roi : riz, porcs, bestiaux, alcool. Le roi passa là la nuit.

Au matin, il envoya des ouvriers pour abattre l'arbre Chu-Dông. Neuf nuits, dix jours, les bûcherons travaillèrent sans résultat. Il fallut recourir à un devin qui affirma que seuls Da-Dan et Da-Det pouvaient réussir. Mis en demeure, ils travaillèrent à coups de hache, plus de quinze jours. L'arbre étant sur le point de s'abattre, ils pressentirent un malheur, montèrent à cheval et voulurent se sauver. Mais leurs montures tournaient sans cesse autour de l'arbre lequel, en tombant, les tua. Le roi décida d'en couper la cime et de transporter le tronc à sa résidence. Quatre à cinq mille personnes prêtèrent leur concours sans parvenir à le déplacer. Peut-être, le génie encore le maintenait-il en place. Le devin consulté affirma, en effet, que pour traîner cette énorme bille de bois, les os des membres des frères Da-Dan et Da-Det devaient servir de rouleaux. Ces conseils suivis, le transport fut facile.

Avec cet arbre furent construits des châteaux et palais royaux.

A la fin des travaux de construction, le roi offrit un banquet public à tous les habitants du pays. Toutefois les nommés Khao-Che et Gie-Chông, enfants de Da-Dan et de Da-Det n'y avaient point été admis. Aussi s'entendirent-ils pour se venger de cette ingratitude. N'étaient-ce pas leurs pères qui avaient abattu l'arbre Chu-Dông avec lequel ont été édifiées les demeures royales ? Prenant des pieds de buffles, ils en frappèrent le gong de cuivre, si violemment, que l'instrument se brisa en miettes.

Furieux le roi Rit-Rang les fit poursuivre.

Giao-Che et Gie-Chông gagnèrent les forêts dans l'intention de provoquer des révoltes. Le roi repentant envoya des messagers engager Giao-Che et Gie-Chông à faire leur soumission, leur promettant des rizières, des forêts et des habitations. Mais après leur soumission. ils furent retenus sans don aucun. Mécontents de la conduite du roi, ils s'entendirent pour attacher un torchon imbibé d'huile à la queue d'un chat et y mirent le feu. Le chat martyrisé se sauva sur le toit des palais et châteaux, et palais et châteaux furent la proie des flammes. Apprenant que ce fléau avait été causé par Khao-Che et Gie-Chông le roi ordonna de les arrêter : mais ils purent s'échapper et gagner les forêts. Jours et nuits ils marchaient. Ils furent à Xom-Lai (village de Cao-Phong) puis à Xom-Chàm (village de Lung-Van). Ils allaient être atteints par les gens lancés à leur poursuite lorsqu'ils se rappelèrent que leurs pères leur avaient laissé, avant de mourir, une graine dite « Long Lai-Cai Long Chàm ». Ils la mirent en terre en adressant la prière suivante : « O parents, si vraiment vous êtes puissants, faites que ce rejeton produise une grosse liane qui extermine les gens du roi ». Aussitôt, de la graine enfouie en terre une liane longue de plusieurs truongs et mesurant quatre brassées de diamètre sortit. A l'arrivée des troupes royales, elle s'abattit et ôta la vie à 1.100 personnes ; puis, rasant le sol, elle causa la mort de 1.050 personnes.

Devant cette catastrophe, le général des troupes royales chargea. *Lâm-Lâm* et *Len-Len*, fils de Khao-Che et de Gie-Chông et petit-fils de Da-Dan et de Da-Det de couper avec un couteau cette liane qui se cassa en deux parties. Le sang abondamment coula de la coupure. Et le sang noir produisit des coqs sauvages ; le sang rouge des cerfs, et le sang jaune donna naissance à un animal nommé *Mông-Ty-Vy-Tuong-Vuong* (un tigre). Jeune, ce tigre mangea des crabes et des escargots. Mais au fur et à mesure qu'il grandit, il dévora des poulets, des porcs, des bœufs, des buffles. Quand il fut complètement formé, ayant atteint à peu près la grosseur d'un rocher, il attaqua les hommes. Il dévora les hommes du Laos, de Muong-Khôn (village de Thach-Lu, canton de Diên-Lu, châu de Quang-Hoa), de Muong-Khâm (canton de Gia-Giu, huyên de Câm-Thuy), de Muong-De, de Muong-

Khôi (village de Hoai-An), de Cây-Si-Vo-Ma (village de Yên-Thi), du village Cun-Khuong (commune de Phuc-Luong), de Cun-Bông (commune de Lang-Phong). Sur son passage il causait partout des ravages sans nombre. Il dévora même plus de la moitié des habitants de Cun-Bông et s'en alla dormir à Doi-Lao-Cai-Cun-Khuong.

Les thô-lang de Cun-Khuong et de Cun-Bông rapportèrent ces faits au Roi l'avertissant que le monstre s'était endormi sur le mont Lao-Cai, dépendant du territoire de leur village.

Au reçu de ce rapport, Rit-Rang rassembla ses troupes, en prit le commandement et partit chasser le tigre.

Arrivé sur les lieux, il détacha les nommés Ban-Xan et Boon-Xoong (fils de Lâm-Lâm et de Lan-Lan, petits-fils de Da-Dan et de Da-Det) pour aller s'enquérir de l'endroit précis où reposait l'animal. A Lao-Cai, ils aperçurent un tigre de la grosseur d'un rocher, aux mamelles aussi grosses que des meules de paille. Ban-Xan et Boon-Xoong revinrent relater ce qu'ils avaient vu. Le lendemain matin le roi dépêcha ses troupes chasser le fauve que Ban-Xan et Boon-Xoong armés d'arcs et de lances blessèrent les premiers. La bête se dressa et, dans un bruit semblable au tonnerre et à la foudre, se sauva. De Cun-Khuong elle courut jusqu'à Muong-Sên (village de Mân-Duc). Là, le chemin passe entre deux montagnes rocheuses aux pierres si rapprochées que le tigre, dans sa fuite, fut retenu par elles. Le rocher de Muong-Sang s'enfonça dans sa poitrine. Les troupes royales l'atteignirent encore et Ban-Xan et Boon-Xoong le blessèrent profondément jusqu'à cent fois. Mortellement atteint, en un dernier effort, l'animal réussit à se dégager. De ses griffes, il se cramponna à la cime du rocher et ce rocher conserve l'empreinte des griffes. Puis il se traîna jusqu'à Bai-Dông-Chuông (village de Tuân-Lê) où, en ses dernières convulsions, il laboura le sol, creusant une grande mare qui subsiste aujourd'hui encore. A la mort du tigre, les habitants du Laos s'inspirèrent des raies de la peau, pour tisser leurs belles étoffes dites *Pha—Läo*. Les Muongs vinrent ensuite, bien qu'habitant plus près, afin de s'inspirer du modèle des raies qui restaient. C'est pourquoi les Pha-Lao (toiles) tissées par eux ne sont point aussi jolis que ceux des Laotiens.

Lorsque tout le monde eut pris des modèles, le roi fit découper le tigre en 2450 morceaux à l'endroit dit : Bai-Chuông où, de nos jours, des mottes de terre ressemblent à des morceaux de chair. Sur ses chars Rit-Rang regagna sa capitale.

Il est à remarquer que lorsqu'on dépeça le tigre les habitants des Xom-Cho (village de Tuân-Lô) certains d'avoir leur part, car ils de-

meuraient là tout près, ne se rendirent sur les lieux qu'au retour du
roi. Ils furent fort déçus d'avoir été oubliés. Ils ne trouvèrent que les
marmites de terre dans lesquelles cuisait la chair du tigre. Affamés
et gourmands, ils léchèrent les marmites. Aussi eurent-ils les lèvres,
et le bout du nez tachetés de noir. Depuis, des siècles sont passés,
cependant leurs descendants gardent encore ces traces. Les gens qui,
aujourd'hui, habitent Xom-Cho ne sont reconnus originaires de ce
hameau que s'ils ont les lèvres et le bout du nez noirs. Ceux qui ne
portent pas ces traces sont certainement venus s'établir là occasionnel-
lement. Certes, aucun écrit n'atteste l'authenticité de ces faits, mais
l'existence de ces taches ne constitue-t-elle pas une preuve irréfutable
de leur véracité ?

D'autres faits établissent encore, s'il est besoin, la réalité de tout ce
passé. Lorsque les parents des langs viennent à mourir les prêtres, dits
« Thây-Mô », récitent des prières suivant les coutumes muongs, puis
le cadavre est mis en bière. Après ces prières, seulement après, les
enfants peuvent pleurer. La première cérémonie est la cérémonie dédiée
au maître des thây-Mô. Le prêtre endosse son costume et se coiffe. De sa
main gauche il tient une épée ; de la droite une cloche. Debout, il récite
l'historique de la race, la pondaison des œufs dans la grotte *Hang-hao-
hang-ma-chung-diêng*. Il rappelle Chai-Quyên-Chap et Chi-Quyên-Cho
qui vinrent chercher leur roi dans cette grotte. Pour l'âme du défunt,
l'histoire du pays est récitée du commencement jusqu'à nos jours.

Certes, les ancêtres des Thây-Mô n'ont point laissé de livres; mais il
convient de remarquer qu'avant toute cérémonie funèbre, le culte est
ainsi rendu. Dans les grandes familles de langs qui procèdent pom-
peusement aux funérailles des leurs, les prêtres pendant 20 jours,
récitent l'histoire détaillée du pays muong.

De générations en générations, la coutume s'est transmise et les
Thây-Mô, protégés par leur premier maître, ne sauraient oublier l'histoire de la race. C'est ainsi que nous l'avons recueillie.

L'Histoire. Depuis le jour où Chi-quyên-Châp et Chi-quyên-
Cho couronnèrent « Lang-Da-Can » lang des pays
muongs et roi du delta, les habitants demeurent loyaux vis-à-vis du
lang. Ce dernier traite les habitants comme ses fils. C'est pourquoi
les habitants gardent constamment le souvenir des bienfaits à eux
prodigués par le premier lang. S'il se trouve quelques langs mé-
chants, les habitants sont obligés d'en chercher d'autres pour les

administrer et protéger. Mais cela ne porte point bonheur et les cultures sont ravagées par les cerfs.

Lang-Da-Can, le premier, commença à instruire les indigènes. Il vivait de l'époque de Hung-Vuong (roi de l'Annam). Les tho-lang du pays des Muongs, à tour de rôle, allaient lui présenter leurs hommages et lui offraient des produits forestiers. Chacun d'eux devait passer six mois près de lui et n'était remplacé qu'après ce laps de temps. Au règne de An-Duong-Vu-Vuong, (1) Dinh-Tiên-Hoang se fit couronner roi (968) par les langs réunis dans la grotte de Hoa-Lu (village de Tuong-Yên, province de Ninh-Binh). Il fut aidé dans son œuvre par les tho-lang. Il commença ses expéditions à Hoa-Lu. En montant sur le trône il décréta que les langs demeureraient héréditaires comme auparavant, lui apporteraient leurs contributions tous les trois mois et demeureraient près de lui, se remplaçant tous les trois mois.

Du temps de Lê-Dai-Hanh, les tho-lang furent autorisés, comme sous les autres rois, à lui apporter des contributions sous forme d'hommages. Ils reçurent de lui les mêmes titres honorifiques que décernaient autrefois les autres monarques : les aînés des langs, nommés lang truong ou lang-chu, administraient toute la commune ; les cadets eurent les titres de tho-tu, tho-dao et phu-dao.

Le quan-lang de Muong-Dông (village de Vinh-Dông), membre de la famille royale, reçut un brevet ainsi conçu : « vice-roi pour une génération et seigneur muong pour dix mille générations ».

Parmi les Muongs se trouve la famille des Dinh. Elle descend de la dynastie du roi Dinh-Tiên-Hoàng. C'est pourquoi ses descendants furent tu-truong des pays montagneux ou langs des Muongs (2).

Sous le règne de Ly-Thanh-Tôn, les tho-lang obéissant à ses ordres, formèrent des troupes pour l'aider à combattre les Siamois, et à construire des forts aux endroits stratégiques, afin de résister aux attaques éventuelles. A la fin des hostilités, plusieurs langs reçurent comme

---

(1) Ce roi ordonna aux Muongs de fixer les dates de l'année. Muong-Vang (V. de Tuc-Trang) considéra le premier mois comme commencement de l'année ; Muong-Dông (vill. de Vinh-Dông) le 12e mois ; Muong-Thang (V. de Cao-Phong) le 11e mois ; Muong-Bi (V. de Phong-Phuc) le 10e mois.

(2) Quand le royaume d'Annam fut sous la domination chinoise, les pirates chinois vinrent dans la région muong, massacrèrent les hommes et s'emparèrent des femmes. Presque tous les quan lang furent tués, les autres se sauvèrent dans les forêts et les montagnes. Un enfant de la famille des Dinh fut sauvé par un singe ; un enfant de la famille des Quach par un chien, un autre, de la même

récompense des titres de noblesse: Công, Hâu, Ba, Tu, Nam, Chi-huy-Su, Kinh-luoc, Su, Phong-ngu-Su, Pho-ma, Quân-công. En signe de soumission, les tho-lang devaient passer à tour de rôle neuf mois auprès du roi.

Le roi Trân-Thanh-Tôn fit un voyage pompeux sur des sampans à forme de dragon. Il se rendit à Song-Bo dit Da-Giang. Les tho-lang se présentèrent pour lui offrir leurs hommages. Ils reçurent les mêmes faveurs que jadis et gardèrent leurs privilèges.

Le roi Thanh-Tôn fit fondre plusieurs tambours de cuivre qu'il distribua aux tho-lang. La possession de ce tambour prouvait que son propriétaire avait des droits de tho-lang. Ce précieux souvenir est encore soigneusement gardé par les grands langs d'aujourd'hui. La présence de ces tambours de cuivre atteste la véracité de ce geste royal.

Au règne de Hô-Qui-Ly, qui avait détrôné la famille Trân, les tho-lang, tho-tu, phu-dao reçurent tous l'ordre de venir à la capitale et d'y apporter des contributions consistant en bétail, porcs, riz, bêtes fauves. Les filles muongs de nobles familles étaient également requises de venir présenter leurs hommages au roi. C'est à la suite de ces exigences que les Muongs ont fait les vers ironiques suivants :

> *Vua ma qui quai* — (le roi est un véritable démon).
> *Bat ca con gai vê châu* — (Il oblige même les filles à venir se mettre à sa disposition).

Sous son règne, Hoang-Phuc, général chinois, se révolta. Lê-Loi lui livra bataille avec l'appui des quan-lang et le battit. Il fut proclamé roi sous le nom de Lê-Thai-Tô.

Aux thô-lang et phu-dao des Muongs qui coopérèrent avec lui, il décerna, en montant sur le trône, des titres d'honneur, titres qui avaient plus de valeur que ceux du temps des Ly.

---

famille, par un buffle blanc. C'est pourquoi, en reconnaissance, les langs de la famille des Dinh ne mangent pas de singe et ceux de la famille Quach ne mangent ni chien ni buffle blanc.

Dinh-Bo-Linh devenu empereur sous le nom de Dinh-Tiên-Hoang fonda la dynastie des Dinh (968-980) succédant à la dynastie des Ngô. Il fut assassiné en 979, ayant commencé à organiser le pays. Sa capitale était à Hoa-Lu (huyên de Gia-Viên, Ninh-Binh).

Les rizières étaient frappées d'impôts, mais avec faculté d'acquitter ces impôts en une seule fois, tous les trois ans. L'expression « tiên-chung » était employée pour dire que le versement des impôts de l'année suivante était effectué d'avance, alors que « chinh-chung » indiquait le paiement des impôts de l'année en cours. Les tho-lang et tho-tu chargés de leur perception correspondaient directement avec le roi. Des titres de « Pho-ma » et de « Quân-công » furent également décernés, comme sous le règne des Ly. Les langs étaient dispensés de la présence effective près du monarque.

Durant ce règne, les militaires ne prenaient les armes qu'en temps de troubles ; ils restaient cultivateurs en temps de paix.

Sous le règne de Mac-Dang-Dung un édit confirma aux langs leurs titres et privilèges.

Un lang originaire du hameau Roc, village de Nech-Son, nommé Bach-cong-Oai, mit ses connaissances et ses forces à la disposition des Mac. Il fut pour cela nommé « Câm-y-thi-vê ».

Sous le règne de Lê-Trinh, qui renversa les Mac, les thô-lang, thô-tu et phu-dao se rendaient à la capitale en signe de soumission, mais à condition d'y avoir été autorisés. En toute autre chose, rien ne fut modifié : les règlements étaient ceux des Lê. Seule la correspondance directe avec le roi fut supprimée. Toutes les correspondances devaient être adressées au « Chân-Duong-Quan ».

A l'avènement des Tây-Son, les thô-lang, thô-tu et phu-dao durent aller en personne présenter leurs hommages au roi. Les mêmes titres et récompenses que ceux des Lê leur furent décernés. Mais les thô-lang et phu-dao faisaient camper leurs troupes dans les endroits difficiles afin de résister aux troupes de l'Annam. Plusieurs thô-lang se rangèrent du côté de l'Annam.

Sous le règne de Thê-Tô Cao-Hoàng-Dê, les thô-lang, thô-tu et phu-dao de toutes les parties du pays se rendaient à la capitale pour présenter leurs hommages au roi, conservant les mêmes titres et privilèges dont ils jouissaient au règne des Lê. En la 14e année de Minh-Mang, Ta-quân-Duyêt excita les thô-lang à la révolte. Quach-tât-Công, Thô-lang du village de Son-Am, village de Yên-Luong, (c. de Chiêm-Hoa, châu de Lac-Thuy) invita tous ses collègues Thô-lang de Lac-Son, Quang-Tô et des provinces de Cao-Bang et Lang-Son à constituer des troupes révolutionnaires sous son commandement pour lutter contre le Gouvernement annamite, et rétablir la dynastie des

Lê dont le descendant Lê-duy-Luong, de la famille des Lê postérieurs, était réfugié dans le Lac-Son. La Cour envoya Ha-duy-Phi comme Chanh-khâm-sai et Ta-quang-Cu comme Pho-khâm-sai. Ils campèrent à Muong-Sua (village de Dinh-Cu) à la tête de leurs troupes et réussirent à arrêter Bach-tât-Công et le thô-lang de Muong-Bi; Lê-Luong, Lê-Hiên et leurs partisans se soumirent. Les chefs révolutionnaires furent conduits à la capitale. A la suite de cette révolte, le roi enleva aux thô-lang, thu-dao, leurs anciens droits et privilèges, cependant que les habitants continuèrent à se soumettre à eux comme auparavant. Ils cachèrent même les fils des langs dans les forêts et les protégèrent.

En la 18ᵉ année de Minh-Mang, le Lac-Son comprenait 24 villages ; les hameaux des grands villages furent séparés et il y eut ainsi cinquante villages. Tous les habitants de Son-Am furent expatriés. Plus tard, Tôn-thât-Tinh, Tuân-phủ de Ninh-Binh, rédigea un rapport au roi sollicitant, pour les anciens habitants de Son-Am, l'autorisation de rentrer au village de leurs ancêtres. Le Gouvernement refusa. Tôn-thât-Tinh usa alors d'un subterfuge. Ayant conseillé aux exilés d'emprunter les noms de familles du delta, il rédigea une requête sollicitant pour eux l'occupation provisoire des terrains de Son-Am, prétextant qu'en leurs villages surpeuplés les rizières étaient insuffisantes pour les nourrir. Leur demande fut agréée : c'est ainsi que les anciens habitants de Son-Am purent revenir sur leur terre natale. En souvenir de ce service, les gens de Son-Am et de Chièm-Hoa demandèrent à Tôn-thât-Tinh son petit nom, et l'élevèrent à la dignité de génie tutélaire de leurs villages. Ce souvenir subsiste toujours.

A l'avènement de Tu-Duc, une amnistie réintégra les Thô-lang dans leurs anciens droits et privilèges. Ils purent même être nommés lanh-binh, hiêp-quan, pho-co, xuât-dôi. Les Muongs, militaires en temps de troubles, demeuraient chez eux en temps de paix.

A l'établissement du protectorat, les thô-lang s'empressèrent d'exprimer leur soumission à la France qui les maintint dans leurs fonctions et privilèges.

Les annales 1884. — Le 12 avril 1884, la citadelle de **de la province**. Hung-Hoa était enlevée aux « Pavillons noirs » qui s'y étaient retranchés après la prise de Son-Tây et de Bac-Ninh. Le lendemain, le lieutenant-colonel Duchesne y prenait le commandement supérieur, tandis que le

Résident de France Rossigneux était, le 15 avril, désigné pour exercer ses fonctions civiles dans les trois provinces de Son-Tây, Hung-Hoa et Tuyên-Quang. Le chef-lieu de la circonscription administrative du « Haut-Fleuve », alors à Hung-Hoa, fut transféré à Son-Tây le 28 octobre 1884.

Les troubles de la région avoisinant le Fleuve Rouge ne permettaient pas l'établissement d'une résidence dans chacune des provinces de Tuyên-Quang et de Hung-Hoa. Comme Son-Tây était éloigné, une sous-résidence fut installée à Tuyên-Quang le 5 mars 1886. Elle comprenait les deux provinces de Tuyên-Quang et de Hung-Hoa.

1886. — Un décret du 27 janvier 1886 leva l'état de siège au Tonkin, et une décision du Résident général Paul Bert soumit provisoirement, le 24 mai 1886, le pays muong, en particulier, à la juridiction militaire.

La province muong créée, en 1884, n'ayant pas eu jusqu'alors de vie propre, un texte intervenait, le 3 mai 1886, texte que rapporte un nouvel arrêté de Paul Bert, en date du 27 juillet suivant.

Ce dernier document, rendant exécutoire l'ordonnance du 22 juin 1886 du Kinh-luoc *p. i.* S. E. Nguyên-trong-Hiêp, organisait la province muong, afin de conserver aux pays muongs de la région montagneuse, à l'ouest du delta et des provinces méridionales du Tonkin, de tout temps placés sous un régime spécial, une certaine autonomie. Elle comprit les territoires muongs dépendant des provinces de Hung-Hoa, Son-Tây, Hanoi et Ninh-Binh, Ses mandarins, choisis dans les grandes familles du pays, prirent les titres de tuân-phu, quan-bô, quan-an, lanh-binh ou dê-dôc.

Le chef-lieu fut Cho-Bo où devaient résider le tuân-phu muong et les principales autorités provinciales (1).

Les usages et coutumes des Muongs régirent la perception des impôts. Cette province devint une vice-résidence, et une décision du 29 novembre 1886, transféra le chef-lieu de Cho-Bo à Phuong-Lâm. M. Moulié, vice-résident de 2ᵉ classe, était désigné, le 29 novembre 1886, pour en prendre la direction. Le 15 décembre, M. Laure, sous-lieutenant aux chasseurs annamites, était nommé au commandement de la compagnie d'élite de la milice provinciale muong. Par la suite

---

(1) Le 11 novembre 1886 Paul Bert mourait subitement à Hanoi.

(arrêté du 18 août 1887), un commis de la vice-résidence assurera le service postal.

Le 15 décembre 1886, M. Moulié s'installait à Phuong-Lâm dont le nom, sous la dynastie des Lê antérieurs, était Hoa-Lâm (jolies forêts). Le poste avait été jusqu'alors commandé par un capitaine de tirailleurs.

Les mandarins annamites ne s'empressèrent point de communiquer aux chefs muongs l'ordonnance de S. E. le Kinh-luoc *p. i.* Les Muongs de Hanoi relevaient primitivement du quan-dao de My-Duc et ceux de Ninh-Binh du quan-phu de Nho-Quan. Les mandarins voyaient avec peine leur pouvoir propre disparaître en ces régions, alors que les Muongs désiraient échapper à leur autorité, désir qui se manifestera toujours. En 1893, leurs chefs reprochèrent vivement au commissaire du gouvernement, à Cho-Bo, de ne point appliquer l'ordonnance créant l'unité muong.

Le vice-résident eut, pour premier soin, la constitution d'une milice muong dont les gradés, après une courte instruction militaire, furent pris parmi les familles pauvres des quan-lang. Le résultat était assez satisfaisant pour qu'en mai 1887 l'autorité militaire évacuât Phuong-lâm. Quatre régiments muongs existaient auparavant : deux relevant du quan-dao de My-Duc, commandés par un chanh-lanh annamite de Hué, résidant à My-Duc à côté du quan-dao, et deux autres relevant du phu de Nho-Quan, placés sous les ordres d'un chanh-lang muong. Un quan-truong muong s'occupait des affaires civiles.

Malgré la création de la province muong, les mandarins de Son-Tay, My-Duc, Ninh-Binh cherchèrent à continuer à administrer le pays et provoquèrent des difficultés. Les plus grandes furent éprouvées à Nho-Quan. Depuis trois ans, ce pays se trouvait désorganisé, par la fuite, en 1883, du tuân-phu de Ninh-Binh réfugié avec ses cachets et les archives à Son-Phong, poste qu'incendia une colonne française détruisant toutes les archives. Le tuân-phu gagna le Thanh-Hoa et le Quan-son-Phong, âgé, chargé de l'administration particulière des Muongs, se réfugia à Ninh-Binh où il mourut peu après.

Sans grande autorité, le quan-phu de Nho-Quan continuait à administrer.

Les Pavillons noirs régnaient alors sur les châu.

La province fut divisée en quatre phu correspondant aux territoires muongs des quatre provinces de Son-Tay, Ninh-Binh, Hanoi et Hung-Hoa.

1o — *Vang-An phu;* Duc-An huyên, ayant pour chef-lieu *Thu-phay.*

Ce phu comprenait sept cantons :

    Tinh-Nhuc avec 15 villages.
    Vu-Vo   —   4   —
    Cao-Phong   —   2   —
    My-Khê   —   4   —
    Boi-Son   —   3   —
    Cam-Dai   —   2   —
    Yên-Lang   —   4   —

2o — *Lac-Son phu* et *Lac-Thuy huyên.*

Le Lac-Son comprenait quatre cantons :

    Lac-Thiên avec 12 villages.
    Lac-Nghiêp — 11   —
    Lac-Dao   — 14   —
    Lac-Thanh — 13   —

Le huyên de Lac-Thuy comprenait 3 cantons.

    Yên-Lac avec 9 villages
    Yên-Thai — 11   —
    Yên-Binh —   9   —

3. — *Luong-Son phu,* ancien territoire muong de My-Duc se compose de six cantons. Le siège du mandarin est fixé à Ke-Son :

    Kim-Boi   comprend 4 villages
    Gia-Cac   —   4   —
    Hoa-Lac   —   3   —
    Phuong-Hanh   —   3   —
    Ly-Luong   —   1   —
    Thanh-Duong   —   3   —

4° — *Le phu de Cho-Bo.* Le phu de Cho-Bo se compose des cinq châu appartenant à la province de Hung-Hoa :

> Da-Bac,
> Mai-Châu,
> Moc-Châu,
> Yên-Châu,
> et Phu-Yên-Châu.

Si Minh-Mang avait donné une apparence d'organisation annamite aux pays muongs, les quan-lang demeuraient les maîtres, rendaient la justice, percevaient les impôts. L'autorité annamite s'était contentée de nommer les quan-lang à des grades militaires, attribuant généralement le grade de dôi à un quan-lang important. Les fonctions furent presque héréditaires.

Mais les Muongs souffraient et de la piraterie chinoise et des vexations continuelles des Annamites. Ces faits nous les attachèrent.

1887. — Aussi, protestèrent-ils vivement lorsqu'en juin 1887 ils crurent que le Kinh-luoc allait, de nouveau, nommer des mandarins annamites pour les administrer. Certains villages de Son-Tay, Ninh-Binh et My-Duc ayant été rattachés à ces provinces, les autorités annamites ne purent s'y maintenir et, en février 1888, ces circonscriptions revenaient à la province muong.

Le génie militaire poursuivit jusqu'en mars 1888 les travaux entrepris à Cho-Bo (Hao-Trang) dans le but de faire sauter le barrage de rochers arrêtant là la navigation à vapeur. On désirait un large chenal. Ces travaux durent être suspendus, sans que le but ait été atteint. Nous verrons un autre projet étudié par la suite, un projet de canal qui, à son tour, après quelques sondages favorables, sera abandonné. Avec les voyages en pirogues commence, à Cho-Bo, le mystère de la Haute Rivière Noire. Jusqu'en ce point, en exécution du contrat passé le 17 août 1886 avec MM. Marty et d'Abbadie pour l'exploitation de services fluviaux, étendu le 18 février 1888 au nouvel itinéraire hebdomadaire Bac-Hat Cho-Bo, le voyage peut se faire agréablement en de très coquettes chaloupes.

Les troupes avaient été retirées en mai 1887 de Phuong-Lam ; mais le 27 décembre un poste militaire était installé à Su-Yut. En mars 1888, les postes militaires occupés étaient : Tach-By, Hoai-An, Mai-Chau, Su-Yut, Yên-Lang. Tu-Vu. Ils furent supprimés et les troupes de la milice muong, à l'effectif de deux cents hommes, les remplacèrent. Le poste de Tu-Ly fut créé. En 1887, la route sur Tu-Ly avait deux mètres de large. Elle n'existe plus aujourd'hui. En 1889 sera construite la route de Cho-Bo à Su-Yut. Il faudra attendre plus de trente années pour qu'elle soit élargie et améliorée et que la route de Hoa-Binh Tu-Vu Hung-Hoa soit reprise.

1883. — En avril 1888, M. Paillard demandait *en concession* (1) pour y faire de l'élevage et de la culture, les terrains où, actuellement, s'élève le centre de Hoà-Binh.

L'animosité entre Annamites et Muongs devait se manifester lorsque, par arrêté du 16 mai 1888, le territoire de Thu-Phap (où M. Balansa, naturaliste, chargé de mission par Paul Bert, continuait des essais de cultures) fut cédé à Son-Tây. Le pho-quan-dao des Muongs de My-Duc à Thu-Phap, Bach-công-Tri, qui administrait tout le pays, consentit à servir dans la province de Son-Tay, *à condition toutefois de relever uniquement et directement du vice-résident.* Ce lui fut accordé. Le 13 septembre 1888, le gouvernement lui décernait une médaille d'argent de 1re classe en récompense des services rendus au Protectorat.

Des modifications territoriales intervenaient fréquemment. Le 29 juillet 1888, le siège de la résidence de la province de Hanam était transféré à Phu-ly. Toutes les circonscriptions de cette province, y compris My-Duc, devaient verser là leurs impôts.

Les divisions en phu et huyên organisées au début de 1887 disparurent vite pour être remplacées par des dao administrés par des quan-dao, assistés de deux ou trois pho-quan-dao, selon l'importance de la région. A la tête de la province furent placés un dê-dôc et un quan-an, résidant à Phuong-Lâm. Mais auprès d'eux, également, durent habiter les quan-dao et les pho-quan-dao, d'où une source de difficultés pour l'administration des circonscriptions éloignées du chef-lieu.

Treize villages ayant été rattachés à Son-Tây, les chefs muongs redoutèrent de revoir l'ancienne administration annamite régner dans la province.

------

(1) Voir le chapitre sur les droits fonciers des quan-lang.

Lorsque les ngu-chau : Phu-Yên, Mo-Châu, Yên-Châu qui, jusqu'alors, dépendaient du Dê-dôc furent érigés en territoire militaire, les habitants en furent froissés.

On oublie vite dans l'administration. Les organes centraux qui dirigent et décident ont trop souvent négligé les raisons que pouvaient invoquer les gens du pays que l'on divisait, partageait, sans se soucier des races, des coutumes, ni même des animosités vives ou des droits acquis par certains. Sans ménagements, on supprimait ou rognait. On oubliait qu'en 1873, le Lanh-xich, proche parent du Dê-dôc et quelques autres chefs muongs avaient conduit à M. Hautefeuille, isolé dans Ninh-Binh avec ses cinq matelots et les séminaristes de Phuc-Nhac qui s'étaient précipités sans armes à son aide, deux cents Muongs armés de fusils, grâce à qui il put pacifier la province de Ninh-Binh et empêcher les bandes de l'Annam de venir se joindre à celles du Tonkin.

Le séjour à Phuong-Lâm était pénible, la chaleur y était torride, l'inondation chaque année ravageait le centre, le climat y était malsain. Depuis le début les vice-résidents Moulié, de Goy, Dufrénil, réclamaient le retour à Cho-Bo. Le transfert fut décidé par arrêté du 27 décembre 1888 ; mais, déjà, le principe en ayant été accepté, M. Moulié s'y était installé le 21 décembre. Auparavant, il avait parcouru la province et installé lui-même les quan-dao à la tête de leurs circonscriptions respectives. Les dao de la région muong de Son-Tây furent également installés.

Les châu muongs de Thanh-Son et de Yên-Lâp, dépendant de la vice-résidence militaire de Son-La, avaient été, par arrêté du 16 octobre 1888, rattachés à la vice-résidence de Hung-Hoa. Il en sera de même, le 10 février 1889, pour le huyên de Van-Chau. Le vice-résident Moulié s'éleva contre la cession à Hung-Hoa du canton de Tu-Vu, peuplé de Muongs. Aujourd'hui encore, les habitants originaires de ce canton désirent leur rattachement à la province de Hoà-Binh.

En décembre 1888, la province muong se composait de quatre régions :

1º — Les châu de Da-Bac et de Mai, administrés par deux tri-châu héréditaires sous la haute direction du dê-dôc. Les trois châu détachés : Moc-Châu, Yên-Châu et Phu-Yên-Châu étaient devenus territoires militaires. Un poste militaire était établi à Van-Yên ;

2º — La région muong de Ninh-Binh, de toutes la moins paisible. C'est le pays du Dôc-Tam, ancien petit quan-lang au service des

Annamites, envoyé par eux à Lang-Son comme Hiêp-Quan à la tête de Muongs recrutés dans la région. Nommé dôc-binh, il revint à Cho-Dap, assassina des quan-lang, s'empara de hameaux et se fit reconnaître quan-lang de neuf villages.

C'est dans cette région, au canton de Dê-Côc, que naquit le roi *Dinh-Tiên-Hoàng*, considéré comme le fondateur de la monarchie annamite et qui libéra son pays du joug chinois. Une pagode lui a été élevée à Dê-Côc. En 1883, tous les lettrés de cette région se réunirent au Dôc-Tam pour nous combattre ;

3o — La région muong de My-Duc ;

4o — La région muong de Son-Tây.

1889. — En mars 1889, le P. Brisson [1] demeurant à Muong-Riec (Lac-Tho) signale une certaine agitation à Cho-Dap. Des gens armés viennent se grouper autour du pho-quan-dao (Quach-Bang), récemment installé. Des miliciens de la brigade d'élite avaient des intelligences avec lui.

Lorsqu'en 1885 et 1886 les bandes chinoises ravagèrent la région muong de Ninh-Binh, les gens de Thac-By s'étaient organisés pour lutter contre elles, tandis que ceux de Muong-Van ayant Quach-Bang à leur tête et ceux de Muong-Dap, commandés par le Dôc-Tam, avaient traité et versé une forte rançon pour que leur territoire ne fût point pillé. Muong-Van et Muong-Dap durent, en outre, fournir des soldats et des coolies. Les Chinois chassés de la région, Quach-Bang et Dôc-Tam, rentrèrent chez eux. Mais Dôc-Tam, s'entendant avec les rebelles du delta, tendit à Cho-Dap l'embuscade où succombèrent le lieutenant Faugères et ses tirailleurs [2]. Ceux qui échappèrent à la mort eurent les mains coupées. Quach-Bang, rallié à notre cause et nommé pho-quan-dao, voulut profiter de la situation pour se faire reconnaître quan-lang de neuf villages du Dôc-Tam.

L'histoire des quan-lang est ainsi pleine de luttes fratricides pour la possession du titre de quan-lang, pour l'agrandissement du fief.

Lorsqu'en mars 1889, le P. Brisson donne ses renseignements, le Dôc-Tam est dans le Thanh-Hoa et recommence à s'agiter. Il s'est uni au Cai-Mao qui, depuis longtemps, passait pour mort et à un Anna-

---

(1) Il y réside encore aujourd'hui, 1926.

(2) 1886. Le lieutenant Faugères et ses camarades sont enterrés au cimetière de Phu Nho-Quan (Ninh-Binh .

mite de la province de Nam-Dinh, le Lanh-Chang. Afin d'abuser ses ennemis, le Cai-Mao avait habillé un cadavre avec ses propres vêtements, l'avait fait enterrer, et plusieurs jours après, envoya une vieille femme annoncer sa mort et pousser à ce qu'on vint reconnaître le cadavre.

S'il doutait des premiers renseignements concernant Quach-Bang, M. Moulié était inquiet au sujet de ceux concernant les miliciens muongs. Il savait qu'ils déserteraient sur l'ordre de leurs quan-lang, comme l'avaient fait, sans emporter, du reste, leurs armes les miliciens des villages de Hiêp-Dinh et du Hiêp-Dang. Le poste de Cao-Phong fut supprimé le 29 mars 1889 et le poste de Kê-Son rétabli.

En mars 1889, un acte de brigandage, le premier depuis longtemps, était commis dans la région de Nho-Quan, par des gens venus de Thanh-Hoa.

Le Hiêp-Dinh et son fils Hoang-công-Bôi piratant dans la région de Kê-Son obligèrent des chefs muongs à leur prêter concours. Ces chefs muongs furent arrêtés et conduits à la prison de Cho-Bo afin que leurs familles aidassent à la capture du Hiêp-Dinh et de son fils. Le chef muong Thiêu tué, les gens reprirent confiance, renseignèrent les autorités. Mais le Hiêp-Dinh et son fils réfugiés dans leurs villages dont ils étaient quan-lang, sur le territoire de Son-Tây, demeuraient à l'abri.

Le 22 mai 1889, des bandits armés de fusils Gras attaquent le marché de Phuong-Lâm. Le 23 juin un engagement a lieu à Dông-Son contre des gens encore armés de fusils Gras.

En septembre 1889, les attaques se renouvellent, fréquentes du côté des postes de Yên-Lê et Dông-Son. En novembre, des escarmouches ont lieu dans le col de Kem. Les pirates se réfugiaient dans la grotte de Da-Mo à laquelle ils accédaient par une très grande échelle en bambou. Bien qu'une assez forte colonne fût dirigée contre eux, ils parvinrent à s'enfuir, la grotte étant percée à sa partie supérieure.

Le Chanh-Huy Dinh-cong-Uy, quan-lang de Mong-Hoa, entouré de quelques chefs muongs de la région muong rattachée à Son-Tay, continue à pirater, particulièrement dans la région de Ké-Son. Des commerçants annamites se rendant de Ninh-Binh à Cho-Bo (1) par Cao-

---

(1) En décembre 1889, la piastre est de sept ligatures. Le picul de sel vaut à Cho-Bo 4 lig. 5, la laque 45 ligatures ; le coton 15 ligatures ; le cardamome 30 $.

Phong sont pillés. Les pirates possèdent quelques fusils à tir rapide, des fusils m^{le} 42, des fusils muongs, des arbalètes, coupe-coupe, lances.

Sous les ordres du garde-principal Marcelli, une colonne est décidée le 5 décembre 1889. Des gardes de Hanoi, Son-Tay, viennent renforcer le détachement de la garde civile de Cho-Bo portant l'effectif de la colonne à 165 hommes. Après plusieurs jours de poursuite, les pirates s'égaillent encore et leur cantonnement est abandonné lorsque nous y arrivons. Dans un engagement, le 15 décembre, les pirates avaient eu deux tués et perdu trois fusils dont un à tir rapide. Le dôi muong Bui-van-Ho se signala tout particulièrement en cherchant à entraîner ses hommes dont la valeur militaire était à peu près nulle.

En décembre, le quan-an s'était rendu à Hanoi pour recevoir, du Kinh-Luoc, les cachets provinciaux.

1890. - En janvier 1890, les provinces de Cho-Bo et Son-La furent délimitées et Moc-Hà, peuplé de Thays, était rattaché à Son-La.

Quach-Bang, soumissionnaire, nommé tri-huyên au Lac-Thuy, malade, démissionna en janvier 1890. Quach-Doan le remplaça et Dinh-cong-Xuân, chef de canton de Gia-Cat, devint tri-phu de Luong-Son. Il sera, plus tard, chef indigène de la province.

Autour du Bavi, aidée par les retards apportés à la délimitation précise des provinces de Son-Tây et de Cho-Bo, la piraterie continue. Le village de Thuy-Co inféodé au Chang-Huy, abrite ses hommes.

En janvier 1890, le Colonel Pennequin quitte le territoire de Son-La que commandait son influence personnelle. Aujourd'hui encore son souvenir de chef aimé y demeure vivace. Aussi M. J. Morel, vice-résident de Cho-Bo, éprouve-t-il quelques craintes sur le maintien de la tranquillité de cette vaste région qui n'était pour ainsi dire plus occupée par suite de ce départ.

Le rattachement de la province muong à la province de Son-La fut envisagé en février 1898. M. Morel s'éleva contre ce projet. Si certaines ressemblances existent entre Muongs et Annamites, il n'en est plus de même, disait-il, entre Muongs et Thays. Il rappela l'œuvre de Minh-Mang et de Tu-Duc tendant à créer l'unité muong. Les quan-lang, tous opposés à cette organisation envisagée, déclarèrent souhaiter voir leur province érigée en province indépendante. L'affaire n'eut pas de suite ; mais elle avait troublé la population, d'autant plus que l'autorité supérieure projetait, en ce même temps, le rattachement de My-Duc à

Son-Tây. Les chefs muongs intervinrent encore, ainsi que M. Morel, demandant qu'on établit plutôt à My-Duc un centre administratif relevant de Cho-Bo, avec un chancelier. Le quan-an Dinh-cong-Nhung, originaire de ce lieu, insiste vivement. Le dao de My-Duc fut créé le 15 avril 1890, qu'administra un vice-résident. Ke-Son passa à My-Duc. En octobre, les deux châu de Mai et de Da-Bac furent réunis en un seul.

Pendant ces tractations, les colonnes continuaient contre le Chanh-Huy qui se réfugiait dans la grotte du col de Kem, comme les pirates en novembre 1889. Le 13 mars, il offrait sa soumission, mais peu après reprenait ses exactions.

C'est en ces circonstances que sont évacués, en avril 1890, les postes militaires de Cho-Bo et de Su-Yut.

Le 14 juin, M. Rougery, vice-résident, ancien lieutenant d'artillerie de marine, remplace M. Morel à Cho-Bo. Il propose aussitôt de transférer le siège de la province à Hoa-Binh, en face Phuong-Lâm, sur la rive gauche de la rivière Noire. Ce n'est qu'en 1897 que cet emplacement du très ancien village de Vinh-Dièu sera occupé définitivement.

Le 30 août 1890, le Tuân-phu, M. Dinh-To, invoquant des raisons de santé, remit sa démission et son cachet. Le jour même, il se retirait chez lui. Le quan-an prend le cachet et assure le service. M. Rougery propose la nomination de M. Dinh-van-Vinh, ancien Tuân-phu de Hung-Hoa, révoqué à la suite d'un vol d'armes et par la suite reconnu innocent, mais métis muong-annamite.

La piraterie sévissait plus active. En septembre, le chef de bande Chanh-Huy, commandant alors à une cinquantaine d'hommes, adressa des menaces de pillage aux autorités des villages de Quynh-Lâm, Phuong-Lâm, Hoa-Binh. Il essaya même de mettre ses menaces à exécution. Le maire de Thuy-Co, opprimant la population, fut arrêté et incarcéré à Cho-Bo. Il s'évada. La bande du Chanh-Huy était, à présent, à l'effectif de deux cents hommes environ. La plupart, armés de lances et de coupe-coupe, ne demeuraient que par crainte auprès du chef. Le 16 novembre, au pillage de Nui-Noi, la bande était forte néanmoins de 250 hommes.

Une quizaine d'Annamites, armés de fusils à tir rapide provenant de bandes chinoises, habillés en gardes civils, pillaient le long du Bavi, sur la Rivière Noire, les marchands montant à Cho-Bo et en redescendant. Une plus forte attaque eut lieu contre deux Européens. Les pirates, au nombre de quatre-vingts environ, tous armés, disposant, d'au moins quarante fusils à tir rapide, occupaient les deux rives de la Rivière Noire. Tous ces attentats avaient lieu entre Tu-Vu et Vo-Song, à hauteur de Thuy-Co.

La paix qui semblait régner en mai n'existe plus. Les bandes du Dôc-Ngu opèrent sur les frontières de la province muong vers Hung-Hoa, vers Van-Bu.

1891. — L'ancien tuân-phu Dinh-Tô, qui, en août, donna si brusquement sa démission, s'entend avec le Dôc Ngu. Celui-ci, aidé par Quach-Cuu, après avoir séjourné les 27 et 28 janvier 1891 à Hoa-Binh, à la tête d'une bande armée de cinq cents hommes environ, ravitaillé par les quan-lang de la région, pourvu de sampans, arrive à Cho-Bo dans la nuit du 29 au 30 janvier. De connivence avec les gardes civils, avec les mandarins, les pirates incendient la résidence et la pillent. Ils décapitent le vice-résident Rougery. Le garde-principal Ziegler et le surveillant des postes Lévy purent s'échapper. Ils furent découverts quatre jours plus tard, fusillés à bout portant par les gardes civils muongs et brûlés dans la maison où ils s'étaient réfugiés.

S. E. le Kinh-Luoc procéda, en avril 1891, à une enquête sur les causes de cette attaque et sur la réorganisation administrative à apporter à la province muong. *D'après cette enquête l'événement résulte surtout de ce qu'on voulut imposer aux populations muongs un régime administratif purement annamite, c'est-à-dire en opposition avec leur organisation et coutumes.* Déjà, nous l'avons vu, Minh-Mang essaya. Les Quan-lang refusèrent de reconnaître l'antorité des administrateurs annamites. La Cour envoya des troupes ; elles furent vite démoralisées par l'insalubrité du climat, la guerre d'embuscades qu'il fallait soutenir. Les troupes se retirèrent et avec elles les mandarins dont elles devaient appuyer l'autorité. La Cour renonça à son projet, conféra les fonctions publiques à des tri-châu choisis parmi les quan-lang et les Muongs payèrent tribut.

Le tuân-phu Dinh-van-Vinh, métis muong-annamite nommé à Cho-Bo, voulant se faire craindre, avait été brutal. Sur nous retomba la haine qu'il inspira aux montagnards. Déplacé en 1888, rappelé en 1890, Dinh-van-Vinh recommença. Il obligeait les indigènes à passer par lui pour s'adresser au résident. D'où la haine et la complicité active ou passive que les bandes pirates rencontrèrent chez certains quan-lang.

Et le rapport conclut que le résident, en pays muong, doit être un agent politique, qu'il ne doit pas intervenir dans les querelles de familles, mais les doit amener à solliciter son arbitrage ; qu'il fallait rendre au pays muong, tous les clans étant groupés en une même confédération, la partie muong du dao de My-Duc (phu de Luong-Son et huyên de Lac-Thuy), séparer les deux châus de Mai et de Da-Bac réunis en un seul : Mai-Ba, en octobre 1890, trop étendu et formant deux clans distincts.

Le transfert du siège du chef-lieu de la nouvelle province à Hoa-Binh ainsi que l'avait proposé Rougery, sans abandonner Cho-Bo, devait être réalisé.

Il fallait remplacer la milice muong par une milice annamite, tout en conservant une sorte de milice muong sous les ordres du dê-doc muong, milice de partisans levée lors du danger, renvoyée ensuite.

Dinh-van-Vinh devait être déplacé et il convenait de le remplacer par Dinh-công-Nhung, alors pho-quan-dao de My-Duc et nommer Dinh-Tô, dê-dôc.

Les tri-châu résideraient chez eux et non plus au chef-lieu comme en avait décidé Rougery, revenant à une erreur ancienne.

Enfin ne pas faire colonne pour châtier les complices du Dôc-Ngu, mais faire remettre en état, par des fournitures de main-d'œuvre et de matériaux : Cho-Bo et le nouveau centre de Hoà-Binh.

M. de Goy, qui avait servi à Cho-Bo en 1887, fut de nouveau appelé à la direction de la province le 20 mars 1891. Le 30 mai M. Genella le remplaçait.

Un arrêté du Gouverneur général, en date du 16 mars 1891, réalisa la plupart des propositions présentées. Hoà-Binh fut désigné comme chef-lieu. Le phu de Luong-Son, le huyên de Lac-Thuong, formant la parite muong du dao de My-Duc, revinrent à la province muong. Une réforme du personnel administratif indigène et des forces de police fut prévue.

Le lieutenant-colonel Pennequin qui commandait le 4e territoire militaire, à Hung-Hoa, organisa une colonne contre le Dôc-Ngu et sa bande, opérant du Sông-Ma à la Rivière Noire. « Nous avons affaire à un ennemi sérieux qui manœuvre et se bat bien », écrivait-il alors. En juin 1892, la bande, forte de quatre cents hommes, opérait entre My-Duc, Thanh-Hoa et Ninh-Binh.

Le 22 septembre 1891, le Gouverneur général nommait aux fonctions de commissaire du gouvernement de la province muong M. Vacle, colon au Rocher Notre-Dame, membre de la mission Pavie, de qui l'influence était considérable sur les indigènes de la région et jusqu'au-près de Dao-van-Tri, à Lai-Châu. M. Vacle sut prouver aux autorités muongs les cruautés de Dôc-Ngu et de sa bande. Dinh-công-An, à la tête de Thôs et de Mans lui tendit une embuscade. Le Dôc-Ngu fut pris et décapité en octobre 1892 par le Dôc-Thiên, serviteur du quan-lang de Hoa-Binh : Dinh-công-Uoc. En avril 1891, Dinh-công-Uoc avait prêté assistance au Dôc-Ngu montant attaquer Cho-Bo. Celui-ci lui avait remis trente fusils européens et soixante-dix fusils à capsule. Sous prétexte de protéger les villages environnants, Dinh-công-Uoc organisa une armée de partisans.

En réalité, il volait et tuait. Les preuves n'avaient point été assez absolues, cependant, pour le condamner. Mais après la mort du Dôc-Ngu, un de ses lieutenants nommé Vinh, voulant le venger, vint faire sa soumission et relata les agissements de Dinh-công-Uoc. Uoc le fit assassiner. Malgré ce nouveau meurtre, ses crimes et ses pillages sur les commerçants furent révélés. Le 14 juin 1893, les quan-lang réunis le condamnèrent à la décapitation. La qualité de quan-lang fut retirée aux siens, ainsi que les biens d'apanage « Ruong Ca » et « Ruong Lê » qu'il détenait en cette qualité. Sa famille fut exilée. L'exécution eut lieu à Cho-Bo, le lendemain, 15 juin, jour de grand marché.

Les gens nommèrent quan-lang le dê-dôc Dinh-công-Xuân.

Peu à peu les chefs firent leur soumission et la province muong retrouva sa tranquillité.

Le 29 août 1891, M. Vacle avait obtenu la soumission du chef pirate Dinh-công-Uy, dit le Chanh-Huy, quan-lang de Mong-Hoa. En 1892, il commandait le poste de Dông-Sang et obtenait la ferme des jeux aux jours de marché à Phuong-Lâm, afin de pouvoir entretenir les linh du poste. Par la suite, Dinh-công-Uy devint châu-uy en 1894 et en 1898 tri-châu de Ky-Son. Pourvu de cette autorité, il reprit dans les villages dont il était quan-lang ses exactions et ses crimes. A son arrestation, la vérité éclata et Dinh-công-Uy, condamné, le 18 novembre 1903, à vingt ans de travaux forcés pour assassinats, fut envoyé à Poulo-Condore. Il y mourut deux ans après, le 11 mai 1905.

Les populations choisirent alors comme quan-lang de Mong-Hoa Dinh-công-Nhung, chanh-lang en retraite. Dinh-công-Nghiêm, veveu de Dinh-công-Uy, signa le procès-verbal d'élection. Il avaif pu espérer et espérait succéder à son oncle. De là une haine sourde contre

Dinh-công-Nhung qui commencera à se manifester en juin 1907 lorsque Kiêm, alors ly-truong, présentera une première requête contre son quan-lang, requête portant seize signatures inspirée par Nghiêm. Cette haine persistera et le 3 août 1909 nous en verrons les conséquences : l'attaque de Hoa-Binh.

Si Dinh-công-Uy manqua à son serment, il n'en fut pas de même de l'ex-chef rebelle Dôc-Tam. Quach-thât-Ngâu, très lettré, franchement rallié à notre cause, nommé pho-tri-châu du Lac-Thuy en 98, puis tri-châu en 1902, rendit beaucoup de services aux colons de la région de Chiné. Il mourut le 11 avril 1905.

En avril 1891, fut préparé un projet de réorganisation de la province muong, en une sorte de confédération. Le projet de la création d'une fonction de tuân-phu fut démontré inutile et dangereux. Nous verrons, cependant, par la suite, les chanh-quan-lang réclamer sans cesse ce titre (1). Leur dénomination officielle de chanh-quan-lang ne répond pas, en effet, à leur situation réelle. Ce titre est officieusement porté par des quan-lang puissants. En l'état actuel de l'organisation de la province, on peut même se demander, en outre, si cette fonction est absolument nécessaire, tous les tri-châu demeurant dans les châu dont ils sont originaires. Cette fonction n'existe pas à Son-La. D'autre part, il y a le passé. M. Dinh-công-Nhung était tuân-phu de la province muong.

M. Vacle arriva à Cho-Bo le 3 octobre 1891 à bord du « *Lao-Kay* ». Le tuân-phu, malgré plusieurs convocations, n'était pas venu à la résidence depuis deux mois et demi et ne se présenta au commissaire du gouvernement que le 10 octobre. Il était seul. Le quan-an et le dê-dôc vinrent, ensemble, l'après-midi. Au déjeuner du lendemain, auquel assistaient les trois mandarins provinciaux, le tuân-phu fut agressif. Dinh-Tô, au contraire, demeura très réservé.

Malgré les petits pillages qui se multipliaient soit vers Thuy-Co, soit du côté de Yèn-Lang, les marchés étaient plus animés.

Le 20 novembre 1891, M. Vacle ayant réuni quelques quan-lang, le tuân-phu donne des renseignements sur la bande du Dôc-Ngu forte d'environ de cent hommes armés de fusils et de deux cents coolies. Le Dôc-Ngu cherche à rejoindre Tông-duy-Tân dans le Thanh-Hoa. Ne pouvant réussir, il répartit sa bande en trois ou quatre campements à

---

(1) Le chanh quan-lang de Hoa-Binh, Dinh-công-Chinh, chevalier de la Légion d'honneur (janvier 1926), fut nommé tuân-phu en février 1926.

la limite de Hung-Hoa, réquisitionne des vivres à Duc-Nhân. Le gendre du quan-châu de Da-Bac le ravitaillerait même.

En décembre 1891, disposant de deux cents fusils à tir rapide, le Dôc-Ngu veut à nouveau attaquer Cho-Bo. Après une escarmouche à Tu-Phap, il s'installe à Qui-Duc et renonce momentanément à son projet. Sa troupe se renforce alors de trois cents Chinois. Les tri-châu de Da-Bac, Mai-Moc châu lui font remettre chacun trois cents piastres afin qu'il ne vienne pas sur leur territoire et n'attaque point Cho-Bo.

Le Dôc-Ngu projette alors d'enlever le poste de Van-Yên en vue de se procurer des armes et surtout les munitions lui faisant défaut.

1892. — Le 23 janvier 1892, le Résident supérieur monta à Cho-Bo à bord du « Cho-Bo » avec le prince Henri d'Orléans. Un dîner est offert à bord. La chaloupe regagna Hanoi le 25. Le prince d'Orléans, demeuré avec sa suite, part le 1er février pour Van-Yên. M. Vacle l'accompagne et redescend le 6 février au soir. Dans la nuit, un télégramme du Gouvernement général lui prescrit de se tenir sur ses gardes et tous les Européens rentrent au poste. Yên-Lang a été surpris par le Dôc-Ngu ; le capitaine Pouliga tué, cent fusils enlevés avec 35.000 cartouches. Les pirates s'étaient déguisés en miliciens, un d'entre eux portait l'uniforme de garde-principal, quatre coolies suivaient avec les bagages. Les autres pirates, cachés dans les villages, donnèrent l'attaque alors que la porte s'ouvrait pour laisser passer le détachement. La bande du Dê-Kiêu, tué depuis un certain temps, s'était ralliée à la bande du Dôc-Ngu, portant ainsi son effectif à 2.000 hommes environ, dont beaucoup de coolies.

La canonnière « Francis Garnier », commandée par le lieutenant de vaisseau de Montbrun arrive à Cho-Bo, le 17 février 1892 (1).

Le cai Nam, assassin du garde-principal Ziegler, fut exécuté au coupe-coupe sur le banc de sable de Cho-Bo, le 29 février. La tête demeura exposée près de l'ancienne résidence. Les renseignements montrent la bande du Dôc-Ngu s'effritant, mais disposant encore néanmoins de cent cinquante fusils à tir rapide. Il n'en avait que cinquante lors du sac de Cho-Bo, l'année précédente. Le Dôc-Ngu, moins entreprenant, se réfugie à Kha-Cun, Xuân-Dai et Duc-Nhan. Nous avons vu comment il fut assassiné.

---

(1) Lors d'un autre voyage, elle heurta un rocher un peu en amont de Hoa-Binh. Aux basses eaux la cheminée est encore visible.

Après sa mort, le calme renaît peu à peu. Les petites bandes harcelées, sont détruites ou font leur soumission. M. Vacle réinstalle des villages abandonnés depuis plus de dix ans et tente de remettre l'harmonie entre les petits quan-lang.

Les autorités muongs redemandèrent la délimitation de leur province, insistant particulièrement pour le rattachement de la région de My-Duc. Le garde-principal Marol fut chargé de relever les villages muongs le long de la frontière des provinces de Son-Tay et de Hanoi (avril 1893).

Un arrêté du 23 juin 1892 du Gouverneur général avait, à nouveau, organisé l'administration de la province muong qui devint exclusivement muong. Un *quan-lang délégué* centralise au chef-lieu l'autorité générale sur tout le territoire. Placé sous la direction du représentant de l'Administration française avec le titre de quan-lang délégué, il est assisté d'un quan-lang adjoint et d'un dê-dôc, chargé des forces de police.

Le quan-lang délégué est désigné par un conseil de douze quan-lang, dont six élus par tous les quan-lang réunis, pris chacun dans une région différente de pays afin que toutes les terres soient représentées dans le conseil. Les six autres membres sont choisis et nommés par le commissaire du gouvernement.

Les membres de ce «Conseil du pays muong» ne reçoivent aucun traitement, mais des distinctions honorifiques peuvent leur être accordées.

La nomination du quan-lang délégué, de son adjoint et du dê-dôc sont soumises à l'approbation du Résident supérieur. Le conseil, présidé par le commissaire du gouvernement, s'occupe exclusivement des affaires politiques et judiciaires concernant le pays muong.

Un tribut versé après la récolte par les soins des quan-lang, directement aux mains du commissaire du gouvernement, remplace l'impôt personnel et foncier.

Le siège administratif de la province et du conseil des quan-lang demeure fixé à Cho-Bo.

1893. — En août 1893, le conseil muong vote huit mille piastres à inscrire au budget de 1894, à titre de tribut.

Les mandarins de Ninh-Binh firent pression sur les autorités muongs de Nho-Quan voulant que cette région demeurât à la province de Ninh-Binh, d'où les mécontentements de Cho-Bo.

Deux projets pour relier Cho-Bo à Hanoi sont étudiés ; l'un par Kê-Son est écarté par suite du manque de main-d'œuvre ; l'autre par Cao-Phong est retenu, le pays étant très riche. La dépense prévue pour la construction de cette route carrossable est de 1.500 piastres. En 1925, cette route si nécessaire tant au point de vue politique, économique que stratégique ne sera pas encore achevée, les études ayant retardé les travaux. En revanche, la route Hoa-Binh, Luong-Son Phuong-Hai, Ha-Dông fut rapidement menée par le Résident Lévy.

Un poste mobile de soixante-dix hommes, installé à Hoa-Binh, fit découvrir des fusils et rentrer la région dans le calme.

Le 1er septembre 1893 les Siamois évacuèrent Muong-Het, que commandait le Luang Datzackome, annonçant toutefois leur prochain retour.

En face Phuong-Lâm, sur la rive gauche de la Rivière Noire, le dê-dôc construisit un petit poste pour des linh-co, commandés par un pho-quan. L'effectif en est de trente hommes.

M. Bourgoin Meiffre, autorisé par Hanoi, s'installe dans la région de Thuy-Co, malgré les réclamations des habitants. De longues années plus tard, après bien des ennuis, le Gouvernement sera dans l'obligation de racheter cette concession. MM. Legrand et Moulié sur une petite *propriété* à Cho-Bo, cultivent le manioc et l'arrowroot et tentent une plantation de caféiers, la première dans la région. Les résultats étaient très encourageants. Malheureusement ces colons travailleurs disposaient de peu de capitaux.

MM. Guillaume frères achètent aux quan-lang de Chiné, pour deux cents piastres, le 6 décembre 1893, une propriété dite « des 99 collines » (1). La vente fut ratifiée.

M. Guichard remplace M. Vacle, nommé Commissaire du Gouvernement à Luang-Prabang qui quitte Cho-Bo le 25 janvier 1894 à destination de son nouveau poste par Van-Bu, sur la haute Rivière Noire. Il continuera dans le Haut-Laos, où il demeurera jusqu'à la fin de sa carrière, son œuvre toute de bonté.

De plus en plus, les Muongs insistent pour le rattachement des villages de Gia-Cat, Hoà-Muc et Bac-Thach, de la province de Hanoi.

Quelques pillages ont encore lieu, mais que commettent des pirates venant de Ninh-Binh et de Thanh-Hoa et non des Muongs.

---

(1) Nom provenant d'une erreur de lecture des premières cartes : QQ. (quelques collines).

1894. — En août 1894, le tribut de la province s'élevant à 8694 piastres est entièrement versé.

M. Pavie, accompagné des membres de sa mission, arrive à Cho-Bo, le 22 octobre, par la chaloupe *Cho-Bo*. Il repart par pirogues le 29 pour la haute Rivière Noire.

1895. — En mars 1895, un nommé Am, de 18 à 20 ans, du hameau de Ba-Kên (Muong-Kê) village de Môc-Ha, châu de Môc-Châu, fut réquisitionné comme coolie pour un convoi à destination de Muong-Het. Mécontent, il s'enfuit, regagne son village et prend le titre de roi sous le nom de : Dinh-tiên-Hoang. Un certain nombre de gens du Thanh-Hoa, Hung-Hoa, Môc-Châu s'étant joints à lui, il constitue une bande de 50 à 60 hommes, que commandent un lanh-binh et un xuât-dôi. Des fusils à piston et des fusils muongs sont leurs armes.

Une colonne fut envoyée contre lui, composée d'un lieutenant et de 25 tirailleurs. Am s'enfuit de Muong-Lê et se réfugie à Muong-Bai. Le pho quan-lang Dinh-công-Qui (1), de Cho-Bo, chargé de surveiller Da-Bac, quan-lang de Qui-Duc, d'où Am était originaire, l'arrêta. De la troupe royale il ne restait que quatre hommes (avril 1895). Un nommé Ly-Hiên, du Thanh-Hoa, paraît avoir été l'instigateur de cette affaire. Am fut dirigé sur Hanoi avec ses quatre acolytes le 27 avril 1895.

Comment ce simple coolie avait-il réussi à impressionner la population crédule ? Am se faisait passer pour être la réincarnation de l'ancien dè-dôc Dinh-Tô, décédé depuis trois ans. Le corps de Dinh-Tô reposait en son cercueil entouré de cordes, dans sa maison de Qui-My, selon la coutume muong, en attendant l'enterrement. La favorite Dinh-thi-Hoa, de Nuoc-Hoa, près de Cho-Bo, le veillait. Au bout de trois années le couvercle fut soulevé et toutes les cordes cassèrent. On rattacha le cercueil. Mais Am revenant sur ces entrefaits déclara :

« C'est moi Dinh-Tô ressuscité ». Et la favorite Dinh-thi Hoa le reconnut et devint sa compagne.

En août 1895, la colonisation européenne comprenait : à Thuy-co, M. Bourgoin-Meiffre, 1.360 hectares non cultivés ; à Chiné, MM. Guillaume frères, élevage et caféiers ; à Cho-Bo, MM. Legrand et Moulié, 35 hectares en terrains mamelonneux plantés de 8.000 pieds de caféiers de belle venue.

---

(1) M. Dinh-cong-Qui devint An-Sat de Cho-Bo en la 7e année de Thành-Thai (1895). Il mourut en 1907.

En septembre 1895, une colonne eut lieu dans le Nghê-An et le Ha-Tinh, sous la direction du Khâm-Mang envoyé par le Co-mât contre Cao-Diêu, Tam-Dâp (Dôc-Tam) et Hai-Dap. En réalité le maire de Binh-Diên, de la province de Thanh-Hoa, voulait se venger d'un nommé Quach-Thang. Croyant ce dernier dans le village de Xom-Not (Cho-Bo) il y conduisit un garde-principal de Thanh-Hoa. La troupe arriva de nuit, cerna le village et au matin trouva... un mendiant ; la population avait fui. Sous les menaces, le vagabond déclara tout ce que désirait le maire : d'où colonne. Les gens fuirent devant les troupes : ce qui prouvait que l'on avait bien affaire à des pirates. Le dê-dôc alla sur place, vit la vérité et fit tout rentrer dans l'ordre.

En octobre 1895, le village de Thuy-Co choisit le dê-dôc comme quan-lang, Le Chanh-Huy espérait être élu et fut fort déçu.

Le 13 décembre, une bande dans la région de Muong-Het se promenait avec des étendards. Deux individus exploitaient la crédulité publique, déclarant qu'ils avaient le pouvoir de soumettre les tigres. Entourés d'une douzaine d'hommes portant quatre étendards rouges, sans jamais se trouver en présence de fauves, ils allaient de village en village exploiter leur secret. Deux furent arrêtés et la bande se dispersa.

Quelques vols de buffles, un vol commis sur un Chinois vers Suyut en février 1896, furent les seuls incidents.

1896. — Mais fin février 1896, dans une pagode à proximité de Mong-Hoa, le Chanh-Huy fit tuer le cousin du dê-dôc. Sa soumission, en août 1891, à M. Vacle, il ne l'avait faite, coutait-il, que pour sauver son père arrêté.

M. Fitz-Patrick, futur résident de la province de Hoa-Binh, vint en mars 1896 à Cho-Bo comme commis de comptabilité. Avec M. Lévy (1900-1902) il demeure un des chefs de qui la population conserve le plus cher souvenir.

En avril 1896, une trentaine de commerçants laotiens apportèrent du benjoin jusqu'à Cho-Bo. C'était depuis de longues années, la première caravane descendue du Laos (1).

------

(1) Novembre 1896 — Valeur de la piastre : 6 ligatures 9 tiên.

    Riz : 14 $ le picul.

    Laque : 12 $ »

    Sel : 0 $ 75 à 0 $ 80

En avril 1896, les Mans du Phu-Yên convoquèrent les Mans de Son-La. Ils devaient, à Van-Yên, rencontrer les Mans du Moc, puis descendre par Cho-Bo et Van-Bu au devant de leur roi, à Hanoi. Les Mans émissaires du Phu-Yên furent renvoyés par le commissaire du gouvernement de Van-Bu et l'incident n'eut pas de suite.

Le 8 août 1896, les chefs rebelles : Tam-Dâp et Hai-Dâp firent leur soumission à Cho-Bo au commissaire du gouvernement.

Le calme règne, les travaux reprennent. Le tribut versé pour 1896 est de 10.164 piastres.

MM. Chausssé et Magnan demandent en concession de 4 à 500 hectares au village de Lac-Binh, châu de Lac-Thuy.

L'Administration centrale de Hanoi envisage, une fois encore, un remaniement du pays muong et le rattachement de Chiné à la province de Ha-Nam. Les autorités muongs sont inquiètes. Le dè-dôc, originaire de Gai-Cat dont il est quan-lang, abandonne son village pour ne pas habiter chez les Annamites. Ce n'est que par arrêté du 24 octobre 1908 que le châu de Lac-Thuy sera définitivement rattaché à la province de Ha-Nam. Les routes, les concessions, les relations commerciales y aideront alors. Plus tôt, c'était une lourde faute.

1897. — Le 15 mai 1897 une bande d'une vingtaine d'individus, dont dix armés de fusils, pille le village de Thuân-Luong (Cu-Yên), châu de Ky-Son.

En octobre 1897, M. Schneider, imprimeur à Hanoi, essaye de louer des terres au quan-lang dans le Luong-Son, pour quatre-vingt-dix-neuf ans. Ses pourparlers qui duraient depuis 1894 n'aboutirent pas.

1898. — En septembre 1898, usant d'un faux, Quach-Cuu et Quach-Tuân demandèrent le rattachement du Lac-Son et du Lac-Thuy à la province de Ninh-Binh. Quach-Cuu, ancien tri-phu du Lac-Son, était en prison à Cho-Bo, en 1891, lors du pillage du poste, pour vol de 47 buffles. Le Dôc-Ngu l'avait délivré, Quach Tuân, ancien Pho-lang de Cho-Bo, avait été licencié par M. Vacle pour détournement de 300 $ sur la solde des mandarins (22 janvier 1892). Ces faits auraient dû éveiller l'attention du délégué de Nho-Quan. Mais il voit sa circonscription s'agrandir, accepte les propositions. Le résident de Ninh-Binh partage sa façon de voir. Les Muongs protestent énergiquement. Jamais, déclarent-ils, ils ne signèrent pareille pétition. En effet, Quach-Cuu et

Quach-Tuan leur avaient fait signer une demande en réduction d'impôts. Puis, supprimant la feuille de la requête, ils s'étaient servi des feuilles des signatures qu'ils avaient attachées à leur demande.

1899. — En avril 1899, un centre administratif fut créé à Hoai-An (Lac-Son) (1).

Un arrêté du Gouverneur général, du 5 septembre 1896, désigne définitivement Hoa-Binh comme chef-lieu de la province. Le poste administratif de Chiné, envisagé en août 1898, fut créé en 1899.

M. Lafeuille, en juin 1899, achète 300 hectares de terrains au Dôc-Tam, au village de Lang-Dâp.

Un arrêté du Gouverneur général du 28 décembre 1899 supprime le Commissariat et crée la province de Hoa-Binh qu'un arrêté du 10 avril 1901 placera sous le régime de l'arrêté du 8 novembre 1892, créant des taxes spéciales dans divers centres du Tonkin.

1900-1905. — Dès sa prise de service (août 1900) M. Lévy s'occupa de la construction de la route de Hoa-Binh à Phuong-Hai. Large de 4 mètres, elle était terminée (35 km.) en mars 1901. Cette route qui eut l'honneur de devenir route coloniale est celle que l'on emprunte toujours. Un projet serait envisagé pour l'étude duquel il faudrait dépenser environ 3.500 piastres au kilomètre. Le tracé serait alors définitif et parfait. En attendant .... Fin avril 1901, M. Lévy entreprend la route Hoa-Binh-Cho-Bo, rive gauche de la Rivière Noire, achevée en avril 1902 (17 km.). Elle n'existe plus. La route Hoa-Binh Son-Tây, achevée en janvier 1902 (rive droite de la Rivière Noire), n'existe plus.

L'activité économique se porte vers cette province nouvellement ouverte(2).

En mars 1904, Dao-van-Tri sollicite une concession.

En juin 1901, M. Yagottan, ingénieur, MM. Godard et Gajan viennent examiner le barrage de Cho-Bo et chercher à déterminer la force que pourraient, en ce point, donner les chutes de la Rivière Noire. M. Lomet,

____

(1) En 1925 sera de nouveau créée la délégation de Vu-Ban (Lac-Son).
(2) octobre 1900 Stick laque   15 $ le picul.
                champignons 18 $ le picul.
                ramie   15 $ 40 »
                peaux de buffle 12 $ »

Barrage de Chobo.

Barrage de Chobo.

qui eut l'entreprise de la construction du tramway Hanoi-Son-Tày, demanda les mêmes renseignements en vue d'appliquer à l'industrie les forces résultant de cette chute. En avril 1922 M. Gollion, directeur des mines de Hon-Gay, l'étudia également. En 1925 le même projet sera repris par une importante société de la Métropole.

En 1903 M. Babou reprend les travaux sur l'ancienne mine d'or abandonnée de Mo-Son (1) (38 Chinois en 1903 ; 150 en mars 1904, plus 50 Muongs) mais les abandonne fin 1905. Les résultats, malgré de très belles pépites trouvées, ne couvraient pas les frais.

Sauf une incursion de la bande de Ly-Ba, en octobre 1900, sur la frontière de Hoa-Binh, du côté de Kha-Cuu, le pays demeure calme.

En août 1904, un nommé Can, pour se venger d'un thô-lang et étant sous le coup d'une condamnation par coutumace, forme une petite bande de neuf individus et tue ce thô-lang.

Une autre bande de dix hommes opère vers Mo-Son. Fin août, la première bande est forte de vingt hommes, armés de dix fusils. Elle se réfugie au pied du Bavi. Fin octobre 1904, quatre pirates sont tués et sept arrêtés. En décembre, le reste de la bande est arrêté. Le 11 avril 1905, le tri-châu de Lac-Thuy, Quach-tât-Ngân qui, pendant de longues années, avait tenu la campagne comme pirate et rebelle sous le nom de Dôc-Tam, décède à Cho-Dâp, son village, des suites de maladie. Son frère Quach-tât-Xuong lui succède.

En mai 1904, le Chanh-quan-lang demanda à prendre le titre de Tuân-phu, titre, nous l'avons vu, désiré depuis longtemps et toujours sollicité.

1906-1907. — En 1906 et 1907, M. Rigaud pousse les travaux de la route Hoa-Binh-Lac-Son. En février 1907, les dix premiers kilomètres sont achevés, les plus difficiles dans l'ascension du col de Cao-Phong, sous la direction de l'inspecteur de la garde indigène Auclair. Ce fonctionnaire poursuivra plus tard, dans la province de Son-La, de semblables travaux. Les travaux publics devaient construire le tronçon Vu-Ban, Hoai-An : Ils y travaillent toujours.

---

(1) Sous la 2e année de Tu-Duc, un Chinois obtint de la Cour l'autorisation d'exploiter cette mine. Il y conduisit 3000 coolies.

En mars 1907, M. Quach-Cao est nommé quan-an en remplacement du quan-an décédé. Le 5 juin, l'ancien Chanh-quan-lang en retraite Dinh-công-Nhung est rappelé à l'activité et succède à Dinh-công-Xuân décédé.

C'est alors (juin 1907) que les gens de Muong-Hoa demandent la suppression de leur quan-lang. Le résident voit, en cette proposition un essai intéressant à « tenter ». Cet essai, qui ne sera pas tenté du reste, c'est la vieille histoire du quan-lang condamné, Dinh-công-Uy, dit le Chanh-Huy, à qui succéda à l'élection Dinh-công-Nhung, en dehors du fils aîné. Cette proposition inspirée par Nghiêm, neveu évincé, à seule fin de créer des difficultés au chanh-quan-lang a pour but, aussi, de sonder le résident. C'est la lutte entre deux clans qui se poursuit. C'est Kiêm qui s'empare de huit mâu de rizières d'apanage des quan-lang héréditaires et qui, promu sous-chef de canton, devient de plus en plus ambitieux. En mars 1909, des plaintes des autorités de Mong-Hoa contre Dinh-công-Nhung, leur quan-lang, n'ayant pas reçu de suite favorable à Hoa-Binh sont adressées à la résidence supérieure.

Pour qui ayant étudié les coutumes, connaît tout le pouvoir des quan-lang sur leurs sujets, ces requêtes répétées avec insistance auraient dû mériter plus d'attention peut être, en tout cas une énergique décision. Kiêm réclamant au nom d'un clan prenait de l'autorité, et les faits l'entraîneront. Ne voulant pas se dessaisir des terrains usurpés, il est révoqué. Il donne asile à des bandits qui sont arrêtés et incarcérés. Kiêm s'enfuit avec ses clients et veut les délivrer. Le dê-dôc de Hoa-Binh, parent de Dinh-công-Uy, l'encourage secrètement.

1909-1910. — Dans la nuit du 2 au 3 août 1909, le résident est à Hanoi, l'adjoint en tournée, le surveillant des travaux publics, le préposé des Douanes et Régies sont absents. Seuls sont là : l'inspecteur de la Garde Indigène, le percepteur, le receveur des Douanes et le conducteur des travaux publics. Les bandits venus de Mong-Hoa la veille au soir, cachés une partie de la nuit chez un partisan du dê-dôc Dinh-công-Nghiêm, se glissent derrière le casernement de la Garde Indigène, y pénètrent du côté opposé à celui où se tient la sentinelle et, avant que l'alarme ait été donnée, massacrent les miliciens endormis et s'emparent des armes. L'Inspecteur Chaigneau attiré par le bruit, accourt. Il est assommé et tué à coups de coupe-coupe. Les trois autres Européens isolés s'enfuient. Kiêm délivre les prisonniers dont la garde était alors confiée aux linh-co, hommes du dê-dôc. C'est le pillage du centre. Le chargé annamite des postes, seul demeuré à son poste, a prévenu Hanoi. Un détachement part de Ha-Dông ; un détachement de la légion étrangère d'urgence quitte Viétri pour Hoa-Binh.

Le coup de Kiêm a réussi, au delà de ce qu'il pouvait espérer.

Le 23 août, le Gouverneur général M. Klobukowski monte à Hoà-Binh. Les quan-lang réunis lui donnent l'assurance de leur loyalisme, la promesse qu'ils ne tarderont pas à s'emparer de Kiêm et à le livrer.

Mais les difficultés naturelles du pays, les inondations rendent les manœuvres des troupes difficiles. Elles n'ont que rarement l'occasion d'entrer en contact avec les pirates. Le 30 septembre, quarante-trois fusils sont néanmoins repris, plusieurs partisans de Kiêm ont fait leur soumission. Fin octobre, la division commence à régner dans la bande. Les soumissions continuent. Des fusils sont repris ou rendus ; des pirates sont tués ou arrêtés. Fin décembre, le prestige de Kiêm a disparu. La complicité du dê-dôc devient patente. Le 25 décembre, il est arrêté. Le 13 janvier 1910, Kiêm vient par Son-Tây pour faire sa soumission au Khâm-sai : Lê-Hoan. Il est arrêté par le résident. Les derniers révoltés se soumettent. Kiêm fut condamné aux travaux forcés à perpétuité et envoyé à Poulo-Condore. Si des erreurs furent par nous commises, Kiêm ne doit pas paraître un personnage sympathique, un protagoniste de la suppression des quan-lang. « Pirate, ancien pirate, complice de pillards, assassin même, Kiêm n'a jamais été qu'un pirate ni plus ni moins » (Fitz Patrick).

Depuis lors rien n'est plus venu troubler le calme de la province.

Nous arrêterons là l'historique de la province muong.

Dans l'énumération un peu sèche des faits chronologiques, nous avons cherché à montrer l'aspiration constante des Muongs à l'autonomie. Serait-il possible, aujourd'hui, d'y toucher ? Quant à nous, nous sommes porté vers la création d'un commissariat muong. Mais notre attachement profond pour ce pays ne doit pas nous cacher l'apathie, l'inintelligence de la plupart des autorités, tri-châu et pho-tri-châu. Quelques-uns se distinguent que nous devons pousser. Appuyés par les coutumes, nous devons nous servir d'eux. Les habitants sont opprimés par les quan-lang. Conviendrait-il de supprimer ces notables ? Ce serait une faute, je crois, comme ce serait une erreur, quant à présent, dans ce pays fermé encore, de nommer des mandarins annamites. Mais nous pensons qu'il serait profitable d'obliger les pho-tri-châu et les tri-châu, après un séjour au chef-lieu avant leur titularisation, à accomplir plus tard un stage dans des provinces annamites limitrophes, afin de leur apprendre ce qu'ils ignorent et sourtout, la nécessité de certains travaux : routes, écoles, infirmeries, écoles professionnelles, constructions sommaires. Mais que le passé soit une leçon. Les Muongs nous seront attachés et dévoués tant que nous ne toucherons pas à leurs institutions. Si les « dân » sont opprimés par les quan-lang, ils sauront, si nous avons su gagner leur confiance et leur affection, venir nous trouver. Il est alors possible dans ces cas-là d'intervenir en toute sécurité.

N'oublions pas la femme de Molière :

Et s'il me plait à moi d'être battue………

* *

Origine, organisation et pouvoir des Quan-Lang.

Au cours de l'étude historique et légendaire de la province muong, nous avons été amené souvent à parler des « Quan-Lang ».

Leur origine remonte, nous l'avons vu, à la période légendaire. Dans les légendes que récitent les « Thây-Mô » lors des funérailles d'un chef muong, nous trouvons la trace de l'organisation des quan-lang, seigneurs terriens et militaires, telle qu'elle subsiste en grande partie de nos jours.

Malheureusement les documents précis font défaut. A plusieurs reprises des recherches ont été entreprises par divers résidents, soit dans les vieilles archives, trop rares, des familles, soit dans les documents de la Cour de Hué. Les titres, les brevets ont disparu, détruits par le temps, la piraterie, les incendies.

La plupart des quan-lang font remonter leur origine à l'époque du roi Hung-Vuong, dont l'existence elle-même est légendaire, bien que Tu-Duc l'ait admise dans les annales impériales. Hung-Vuong aurait donné à ses fils le titre de quan-lang et à ses filles le titre de Mo-Nang. Il aurait envoyé ses fils commander chacun une circonscription.

D'après une autre tradition, les quan-lang descendraient tous du roi Dinh-Tiên-Hoang-Dê, de qui la capitale était au village de Trang-

Yên, huyên de Gia-Viên, province de Ninh-Binh. Son fils aîné Liên aurait fait assassiner, en 978, la concubine de son père Han-Lang dont un des fils avait été désigné pour succéder au trône. Puis le père et le fils furent également assassinés et un troisième fils devint roi. Il avait six ans. Il fut détrôné dix mois après par l'amant de sa mère : Lê-Hoan qui fonda, en 980, la dynastie des Lê antérieurs. C'est de cette famille des Dinh que descendrait la famille actuelle des Dinh, du Luong-Son.

Quoiqu'il en soit, il est certain que le titre et le pouvoir des quan-lang est fort ancien. Petits chefs de la race autochtone sous la domination chinoise, ils s'entendirent parfois avec les commandants chinois pour piller, tantôt combattant avec eux contre les troupes annamites, tantôt, au contraire, défendant leur pays contre l'envahisseur du nord aux exactions exagérées.

Sous le règne de Gia-Long, malgré une organisation annamite du pays, l'existence et l'autorité des quan-lang paraît avoir été reconnue.

Pendant la 14e année du règne de Minh-Mang, le tri-châu de Bao-Lac : Nông-van-Vân se révolta contre l'autorité de la Cour. La répression suivit et les dignités des chefs muongs furent supprimées. Mais sous Tu-Duc, à la suite de la révolte des Mans et des Miên, afin de s'attacher les Muongs et les empêcher de s'unir aux Chinois, la Cour rendit leurs titres et prérogatives aux anciens chefs muongs qui combattirent pour l'intégrité de l'empire annamite.

Le 2e jour du 9e mois de la 28e année de Tu-Duc (30 sept. 1875) les mandarins de la Cour se réunirent en conseil et s'occupèrent de la mise en valeur des terres, particulièrement de la région montagneuse des trois provinces de Lang-Son, Hung-Hoa, Tuyên-Quang. Des privilèges furent accordés à ceux qui, recrutant des hommes, élevaient des citadelles, mettaient les terres en valeur, constituaient des villages : grade de mandarinat, propriété d'une partie des terres, exemption des impôts vis-à-vis de la Cour, hérédité des charges. Mais la délibération, approuvée par le roi, prévoyait qu'une partie des terres serait communale et l'autre, propriété privée.

De recherches de M. Fitz Patrick il ressort que, sous le règne de Gia-Long, en 1817, puis sous Minh-Mang, en 1821, il fut procédé, par les mandarins de la province de Son-Tây, à un recensement général des quan-lang. Le roi sanctionna les opérations du recensement par la remise, par les soins du Ministère des Finances, d'un extrait de la liste de recensement à chacun des quan-lang pour lui tenir lieu de brevet.

Les membres du Co-mât, en un rapport du 20 janvier 1904, déclaraient que le Gouvernement royal n'avait édicté ni lois ni règlements de fait ayant trait aux pouvoirs administratifs ou judiciaires des quan-lang et concluaient que « ces questions se trouvent régies par les usages antiques de ces peuplades (1) ».

Constituant une caste nobiliaire, soit d'origine autochtone, soit venue du delta, les quan-lang appartiennent presque tous à quatre familles : Dinh, Quach, Bach et Hoàng. La famille Hoàng n'est plus lang aujourd'hui (2).

Ils assumèrent la charge de défendre le pays contre les pillards, de lever les soldats qu'ils commandaient sur les ordres de la Cour. Ils assurent, en outre, la répartition des terres entre les membres de leur clan, se réservant les meilleures rizières que les habitants doivent cultiver gratuitement pour eux.

Les impôts versés au pouvoir central n'existaient point au début. Les quan-lang prélevaient un impôt personnel et foncier à leur profit, se contentant, lorsqu'ils allaient à la Cour ou au chef-lieu, de remettre des offrandes. Ils ne versaient au trésor royal, ainsi que nous l'avons vu, qu'un tribut annuel réparti entre tous les quan-lang.

De nos jours encore, bien qu'un impôt personnel existe, cet impôt ne rentre que levé par les quan-lang qui en gardent une forte partie, s'étonnent lorsqu'ils sont poursuivis pour cela. En cas de non versement, c'est au quan-lang qu'il faut s'adresser, car le paysan paye et paye sans cesse, sans réclamer jamais (3). Ce qu'il possède, il le considère lui-même fort souvent comme bien du quan-lang.

Les habitations des quan-lang sont faites par les soins des habitants et à leur charge. Lorsque le couverture de la maison est terminée, le quan-lang abat buffles, bœufs et porcs et offre à tous, enfants et vieil-

---

(1) Rapport du Co-mât n° 484 au Résident supérieur à Huê, 4ᵉ jour du 12ᵉ mois de la 1ʳᵉ année de Thanh-Thai.

(2) Les familles Cao et Quach ne sont qu'une même famille. Les familles Hà, Xa et Cam sont de race thay.

(3) En 1923, certains villages de Lac-Son ont payés trois fois l'impôt sans se plaindre

Photo Huong-Ky.

M. le Chanh-Quan-Lang et sa femme.

lards également, un pantagruélique festin. Chacun, après d'être repu, emporte chez soi sa part de victuailles. Il en est de même, lorsque la moisson faite, les gerbes de paddy sont engrangées dans la demeure du quan-lang.

Aussi n'est-ce qu'avec une sage modération que nous devons toucher à cette archaïque et patriarcale institution.

Le quan-lang rend la justice et son autorité est absolue. Il n'existe pas de code. Le quan-lang juge selon son bon vouloir les différends qui lui sont soumis, s'inspirant de la coutume. Ses arrêts sont sans appel. Un quan-lang est jugé par un conseil de quan-lang.

Un village muong est organisé de la façon suivante :

1o — Le quan-lang, grand chef, maître absolu ;

2o — Un (ou deux) au-gia, adjoint du quan-lang ; qui reçoit les ordres du quan-lang et les fait exécuter ;

3o — Le cai-nhât surveille la famille du quan-lang, reçoit les visiteurs ;

4o — Le cai-nhi prépare les repas des visiteurs ;

5o — Les habitants.

Le quan-lang et le au-gia ne s'occupent jamais, dans leur exécution, des affaires du village. Le cai-nhât et le cai-nhi en sont chargés.

La surveillance du village est confiée à un cai-diêm.

L'autorité administrative française ne connaît dans ces rapports avec les villages, en principe, tout au moins, que les chefs et sous-chef de canton, les ly-truong et pho-ly.

Les ly-truong et pho-ly sont plus considérés dans les villages muongs que les cai-nhât et cai-nhi, mais ils sont de beaucoup inférieurs au quan-lang et au âu-gia qui les commandent et « peuvent les frapper ».

Si un quan-lang remplit les fonctions de chef de canton, il est plus considéré que les autres quan-lang de la région. Mais si le chef de canton est un simple habitant, il est inférieur au quan-lang.

L'autorité des quan-lang est donc absolue. Il est très délicat de déterminer les rapports des quan-lang avec les autorités indigènes et les autorités administratives.

En principe, comme nous venons de la voir, les tông-ly ne sont rien, s'ils ne sont quan-lang. Dans le châu du Lac-Son un quan-lang important détenait chez lui tous les cachets administratifs des ly-truong. Le hasard me le fit constater. Il n'y avait pas eu de réclamation.

L'appellatif de « quan-lang » est le terme annamite, titre honorifique en ce cas, accordé par le Gouvernement annamite à plusieurs dignitaires.

Dans le pays muong, le terme employé est plutôt « thô-lang » qui signifie « seigneur de la terre »

Propriété. — Les quan-lang, terme plus usuel que nous conserverons, sont-ils réellement propriétaires fonciers ainsi qu'eux-mêmes le prétendant ? L'autorité supérieure et certains résidents de Hoa-Binh se basant sur l'arrêté du 23 juin 1892 fixant l'administration des pays muongs, puis sur une décision de 1898 du Gouverneur général faisant droit à des réclamations soulevées par les quan-lang à propos d'une demande de concession en pays muong, ont vu en ces textes la reconnaissance des droits fonciers des quan-lang.

Avec MM. Fitz Patrick et Louis j'avoue que je ne vois point en quoi le fait de remplacer un impôt personnel et foncier par un tribut peut influer sur la propriété du sol.

Les textes anciens que l'on peut se procurer encore n'ont jamais établi le droit de propriété des quan-lang sur tout le domaine du village.

La partie légendaire que nous avons étudiée nous montre les quan-lang propriétaires du quart des rizières, les trois autres quarts étant domaine commun aux habitants. Il n'y est pas question, en outre, des monts, forêts, terres incultes.

Dans un document relevé par M. Louis, de la 11e année de Canh-Hung, il est question d'un quan-lang héréditaire, « Quach-cong-Hau » qui aurait le droit de percevoir à son profit tous les impôts personnels et fonciers. Je ne vois pas là qu'il ait la propriété du sol. Au contraire, ce texte paraîtrait plutôt lui concéder un droit qu'il n'avait pas en principe, que les autres quan-lang n'avaient pas, puisque c'est une faveur royale qui lui est accordée.

Remontant, comme mon collègue, à l'organisation thay de la province de Son-La, nous voyons les pays et les tri-châu et châu-uy jouir, à côté de leurs biens privés personnels, de *biens d'apanage*, attachés à la fonction et non à la personne. Les charges sont, en principe, héréditaires, et les biens suivent la charge. Mais que, pour une raison quelconque, le charge quitte la famille, les « cuongs », les biens d'apanage suivent le nouveau titulaire.

Sous Tu-Duc, nous avons vu le Comât décider et le roi approuver la décision, qu'une partie des terres serait communale et l'autre propriété privée.

En 1904, le Conseil des Ministres consulté par le Résident supérieur au Tonkin répondait qu'il n'y avait pas de textes spéciaux établissant l'étendue des droits des quan-lang.

Il ne nous paraît pas possible que le roi ait abandonné la plénitude de ses droits souverains de monarque sur son territoire, s'il pouvait abandonner des revenus.

La propriété du fonds demeure propriété de l'Etat. Il y eut, je crois, au début, et c'est ce que les documents et les coutumes tendent à prouver : « rizières communales, biens privés et, à côté, biens d'apanage accordés pour la formation de village, dispense d'impôt en échange d'entretien de partisans. C'est ce que la dynastie des Tchéou appelait l'apanage des công-thân. Or, il est spécifié pour ces apanages que ces biens ne pouvaient être cédés, vendus comme on le ferait d'une propriété privée, sans la permission du souverain » (Silvestre, page 344). Les biens laissés aux descendants leur pouvaient être retirés. Les quan-lang ne sauraient donc se considérer propriétaires des terres non mises en valeur par leurs « gens » et le domaine me paraît demeurer propriété de l'Etat, donc concessible par décision du souverain.

Ayant, à un ministre de la Cour, exposé cette opinion, il me fut répondu, après une consultation amicale des membres du Conseil, que telle était l'opinion de la Cour et que, en dehors des terres déjà mises en valeur, le reste appartenait au domaine.

Des documents me furent communiqués, datant de 1803 et de 1840, desquels il ressort nettement qu'il y a des rizières privées et des rizières communales. Aucun texte n'accorde aux quan-lang la propriété du domaine de la commune. Les concessions domaniales autrefois données par les rois de Nho-Quan, puis par l'empereur à Hué pour la mise en valeur de terres n'affectaient donc et ne pouvaient affecter que ces terres mêmes défrichées.

L'autorité française, en laissant peu à peu les quan-lang se dire seigneurs propriétaires de toutes les terres même incultes du village sous la dépendance de ce quan-lang, commet donc, à notre avis, une erreur, entravant le développement même de la colonisation.

C'est pourquoi j'ai noté spécialement *la concession* accordée en 1888 à M. Paillard à Hoa-Binh, sans qu'il y ait eu alors de protestation.

Du reste, l'administration ne retint point ce prétendu droit foncier lorsqu'elle règlementa les permis de coupe et les concessions minières.

Nous ne devons donc voir dans les errements actuellement suivis, achat des terres aux villages (nous ne disons même pas aux quan-lang) par les colons français qu'un expédient pour éviter les froissements, et non la consécration d'un droit réel.

Aussi est-ce par une action politique que nous devons, pour épargner tout heurt, amener peu à peu les quan-lang à l'abandon de leurs prétendus droits, ainsi que nous l'avons fait pour les terrains situés sur rive gauche de la Rivière Noire, entre Hoa-Binh et Tu-Vu.

En résumé, nous trouvons en pays muong :

« 1° — Les biens privés des habitants « tu-diên ». Le quan-lang ne « peut se les approprier, ni les vendre, ni déposséder leur propriétaire « pour les attribuer à une autre famille » (P. Brisson, Revue Indochinoise 1904) ;

2o — Les parts de fondation ou d'apanage du chef du clan (lang-diên) dont l'importance varie selon l'étendue des terres cultivables du village, dont peuvent être dépossédés les quan-lang en cas de déché-ance, biens qui ne peuvent être vendus ou aliénés. Exemple : en 1893, les biens d'apanage « ruông lê » et « ruông ca » de Dinh-cong-Uoc revinrent à Dinh-công-Xuân nommé quan-lang à sa place. Les autres rizières, dites « ruông thi » qu'il détenait, considérées comme communales, furent partagées entre les notables. En 1913, le village de Thach-Yên changeant de quan-lang, « les rizières attachées à la fonction de thô-lang furent remises au nouveau thô-lang » ;

3o — Les biens communaux partagés entre habitants notables, dont le produit de location est destiné à l'entretien du culte, sont affectées aux militaires en activité de service. Ces biens comprennent également les terres incultes, les forêts à proximité des villages ;

4o — Les terres incultes non utilisables comme paturages : conces-sibles. Lors d'une enquête en 1905 un seul quan-lang les revendiqua comme biens de quan-lang, la plupart les considéraient comme biens communaux ;

5° — Les forêts, à la disposition de tous, véritables « res nullius » où tout individu du village est libre de faire ce qu'il veut (P. Brisson, art. cité).

La propriété entière du quan-lang sur tout le domaine n'existe donc point en droit, elle n'existe pas selon les coutumes. C'est nous qui avons créé cette erreur, de laquelle aujourd'hui il nous faut tenir compte. Mais aussi ai-je eu soin de faire exclure la province de Hoa-Binh des bénéfices de l'ordonnance royale du 5 juin 1923 accordant la propriété des terrains occupés depuis un certain nombre d'années par les possesseurs des bonne foi.

* * *

Us et coutumes.

Je ne traiterai point ici de l'ethnographie : le sujet sort de mes connaissances. Je dirai seulement que le Muong est de taille moyenne, plutôt moins grand que les Thôs de la région de Van-Yèn, mais fort musclé. Il vit volontiers dans les montagnes et la forêt, souffre lorsqu'il descend dans le delta. Il quitte, du reste, à regret son village et les marchés qui se sont créés le long des voies de communication, marchés parfois importants, sont principalement dus à ce que le Muong ne tient pas à venir dans les régions basses de Nho-Quan ou de Hà-Dong. Le commerce qui s'y fait est important. Cependant peu d'argent circule ; tout se fait en échanges et en remboursement d'avances consenties. Le Muong est un grand enfant naïf; très doux, superstitieux, entièrement soumis à son chef : le quan-lang. Il parle peu, est méfiant. Il peut être dévoué, si son quan-lang ne lui ordonne pas de trahir l'hôte. Il est assez hospitalier et plutôt franc, à moins d'ordre du quan-lang. En quel cas, même pris par l'évidence, il maintiendra ce qu'il lui a été prescrit de déclarer : obéissant aveuglement aux ordres reçus.

Six groupements différents peuplent la province muong : les Muongs proprement dits, les Thôs, les Mans, les Mèos.

Les Mans-Son-Dàu doivent leur nom à ce que les femmes et les filles serrent fortement leur chignon sur le dessus de la tête, l'enduisent d'une couche de laque mélangée de cire d'abeilles pour l'empêcher de se défaire.

Les Mans-Deo-Tiên ressemblent aux Mans-Son-Dâu avec cette différence que le chignon, au lieu d'être simple, est double, une partie des cheveux formant une seconde couronne au-dessus de la masse principale. Les hommes portent suspendus au col de leur courte veste derrière le cou, des sapèques, d'où leur nom : deo-tiên.

Les Mans établissent leur demeure au sommet des montagnes, travaillent leurs terres et font de l'élevage. Ils sont nomades. Dès que les terres deviennent stériles, ils les abandonnent, s'établissent ailleurs, brûlent la forêt et cultivent momentanément ce nouveau ray. Leur langage diffère totalement de celui des Muongs. Un « thay khan dông » administre le hameau « dông ».

Les Muongs de Luong-Son, Lac-Son et Ky-Son et de la moitié du châu de Da-Bac parlent un même langage. La moitié du châu de Da-Bac et le châu Mai sont peuplés de Thôs, de qui les dialectes diffèrent bien qu'ils possèdent une commune écriture dite : *chu-thô*.

La langue muong est une langue parlée. Pour correspondre entre eux par écrit, les gens se servent des caractères chinois. Je ne connais pas de livres en langue muong. Au contraire, j'en ai trouvé plusieurs en langue thay (1). Aussi les Thôs de Mai-Châu se considèrent-ils comme supérieurs aux Muongs.

Naissance. — Lorsqu'une femme muong doit accoucher, on fait venir une sage-femme (Ba-Tam). Aucune cérémonie pendant l'accouchement. Les hommes peuvent rester dans la maison, mais ne doivent point se tenir près de l'accouchée. Après l'accouchement (d'un garçon ou d'une fille), un poulet est immédiatement tué et offert aux fantômes protecteurs. Trois jours après, une cérémonie est célébrée en l'honneur du génie « Kha », protecteur de tous les nouveaux-nés. Un poulet, un plateau de riz gluant et une bouteille d'alcool lui sont offerts, placés sur une tablette.

Les cérémonies pour les garçons ne diffèrent point de celles auxquelles il est procédé pour les filles. Toutefois, alors que le génie invoqué par les simples habitants pour leurs enfants est « Dy-Kha »,

---

(1) A signaler « L'histoire de la commune thay » que découvrit et fit traduire M. Lonis, alors résident de Son-La.

Femmes Mans.

Cliché Huong-Ky

le génie invoqué pour l'enfant d'un quan-lang est « Dinh-Vuong », plus puissant que le premier.

En principe, l'accouchée doit rester un mois au lit. A son lever, elle demeurera encore dans la maison et n'en sortira qu'au 3e mois. En fait, chez les simples habitants, dès qu'elle peut vaquer à ses travaux, la femme s'y rend.

Le mari ne peut avoir de nouveaux rapports avec sa femme que 5 ou 6 mois après l'accouchement.

On appelle ordinairement, un garçon nouveau-né « cu » et une fille « phan ». Lorsque l'enfant atteint cinq ou six ans, ses parents lui choisissent un nom. L'appellatif « con det » (gosse) se donne à la naissance et s'applique indifféremment, jusqu'à cinq ou six ans, aux garçons et aux filles.

Le père remplace souvent le Ho de son nom par celui de son aîné. C'est ainsi que Vu-van-Tân est connu sous le nom de Phem-Tân parce que son premier enfant, une fille, s'appelle Phem.

L'autorité paternelle est absolue. Si une veuve enceinte se remarie, l'enfant est l'enfant du second mari.

Hérédité chez les quan-lang. — Le fils de la femme légitime succède à son père. L'enfant de la concubine n'a pas le même rang et ne peut-être que quan-lang d'un tout petit village. On l'appelle quan-lang de trom. Les droits de succession sont réservés au fils ainé « ông-chu » ou « ông-truong » ; les autres enfants deviennent presque de simples habitants. Si le premier né est une fille, le garçon puiné succède. Lorsque le quan-lang meurt ne laissant que des filles, la fille ainée (nàng hà) lui succède. Meurt-il sans enfants, les habitants votent pour que le plus puissant d'entre eux devienne quan-lang. Selon la coutume muong, un village sans quan-lang ne peut-être heureux. Il faut entendre ici par village l'agglomération des hameaux ou villages placés sous l'autorité héréditaire d'un quan-lang. La fille d'un quan-lang appelée bà-nàng ne peut épouser que le fils d'un quan-lang.

Mariage. — Une jeune fille qui a un amant n'est pas sévèrement jugée. « Cela n'a pas d'importance ». Il en est tout autrement en cas d'adultère. Le quan-lang juge et inflige alors une amende en buffles et en bracelets d'argent, amende qu'il perçoit du reste à son profit.

Lorsqu'un jeune homme veut se marier, il charge une intermédiaire « bà mo » de solliciter la main de la jeune fille. S'il est agréé, le jeune homme fait apporter chez ses futurs beaux-parents des noix d'arec et de l'alcool. La « bà-mo », généralement une amie de deux familles et non une entremetteuse habituelle, n'est point payée pour son intervention. Toutefois le mari lui offre, après le mariage, un poulet et un plateau de riz gluant. La jeune fille n'est pas « achetée » à ses parents, bien que dans les familles riches de l'argent puisse être donné et est habituellement donné par les parents du garçon aux parents de la fille. Le fiancé offre des présents consistant en un buffle, trois marmites en cuivre, un porc et une charge de riz. La bru qui n'offre pas de cadeaux aux parents de son mari doit apporter avec elle une couverture et des vêtements.

Le jour du marige est, après l'acceptation des fiançailles, fixé par les parents de la fille.

La cérémonie du mariage consiste en une cérémonie en l'honneur des ancêtres des deux familles. Le gendre n'a pas de droits sur les biens de ses beaux-parents, biens qui reviennent aux enfants mâles.

Un droit de mariage est payé au quan-lang qui autorise l'union.

Le festin de noce a lieu chez les parents de la bru. Les parents de l'époux doivent apporter tout ce qui est nécessaire au repas.

Après le festin, la mariée suit son époux chez lui. Les parents, les voisins les accompagnent. Le gendre peut rester dans la famille de sa femme.

Si la polygamie est permise, les gens du peuple n'ont toutefois qu'une femme. Le Muong est, du reste, peu prolifique. En tout cas, il n'a qu'une femme légitime. Un quan-lang a d'ordinaire deux ou trois femmes, la première seule étant légitime. Encore faut-il qu'elle soit fille de quan-lang. Pour elle seule, il y a cérémonie de mariage. Un quan-lang ne peut se marier qu'avec la fille d'un autre quan-lang.

Lorsqu'un fils de thô-lang atteint l'âge de puberté, les habitants, de leur propre initiative, vont de maison de thô-lang en maison de thô-lang chercher une fille vertueuse, prudente et intelligente. Lorsque les habitants sont d'accord dans leur choix, ils en rendent compte à leur lang et lui proposent cette jeune fille comme bru. L'accord fait entre le lang et les habitants, les cadeaux de fiançailles à donner à la famille de la fille sont préparés : 2 taëls d'argent, une pièce de satin à dessins de dragons, 20 charges de bétel et de noix d'arec, 100 paires de tiges de canne à sucre, 2 kilos de thé de Chine, 20 kilos de confitures et de sucre. C'est la cérémonie de « van-danh » (demande de nom).

Le lang accordant la main de sa fille fait préparer des repas pour lesquels buffles, bœufs et porcs sont abattus. Il en fait des offrandes cultuelles et en régale la famille du fiancé qui ne se retire qu'après ces cérémonies. Trois ou cinq mois après, le père de la future dépêche un envoyé à la famille du fiancé afin de s'entendre avec elle sur l'importance des cadeaux de noce, le plus souvent composés de 10 taëls d'argent, 2 pièces de satin à dessins de dragons, de marmites en cuivre, (de 30 rations à 2 ou 3 rations) placées les unes dans les autres. (Leur nombre est d'environ 25) ; 12 chapeaux en satin, 12 robes en damas, des buffles, bœufs, porcs, poulets, du riz, de l'alcool en quantité suffisante pour fêter les parents de la fiancée. Les chapeaux et robes sont distribués par le lang, père de la fille, aux notables de son village en récompense des soins qu'ils ont apportés à la nourriture de son enfant jusqu'au jour où, mariée, elle devient alors fille d'un autre village.

Après que sont déterminés les cadeaux du mariage, les notables du village du fiancé évaluent les biens dotaux à apporter par la fille. Ces biens se composent au minimum de 60 couvertures et matelas en pha-lao, 6 paires d'oreillers de lit et de salon destinés à être offerts aux parents du mari, 500 couvertures et oreillers ordinaires pour chambres à coucher, 200 couvertures ordinaires. Les oreillers ordinaires seront distribués par la mariée aux notables le jour de son mariage. Ils en recevront un chacun. Les couvertures ordinaires sont mises par la mariée à la disposition des visiteurs de la famille de son mari, des ky-muc et des simples habitants.

Un jour, le mari suivi de porteurs de cadeaux de mariage, vient chercher sa femme. A son arrivée, les compagnes de celle-ci ferment les portes derrière lesquelles elles se retranchent ayant à leur portée des tubercules dits « cù-ráy ». Une ambassadrice de l'époux parlemente avec elles et fixe la somme (tiên-cheo) moyennant laquelle les portes s'ouvriront, environ 15 à 20 piastres. La somme intégralement versée, les portes sont ouvertes et les compagnons du mari entrent. Mais aussitôt les filles d'honneur lancent sur eux fruits (qua-khê) et tubercules sans qu'ils aient le droit de protester. Les cadeaux apportés par le gendre sont offerts aux ancêtres, puis les prosternations sont accomplies à l'autel de la famille devant les père et mère et les oncles de la mariée. On mange, on boit et cela pendant plusieurs jours. Enfin le cortège nuptial se met en route pour regagner la maison du marié et deux à trois cents jeunes filles de simples habitants du village de la femme l'accompagnent à sa nouvelle demeure.

Portées en palanquin par les compagnons du mari, les filles d'honneur et la mariée arrivent à la maison de l'époux ; mais la mariée n'aura le droit d'en descendre qu'après que ses porteurs auront été payés par le mari. Puis les filles d'honneur la coiffent de son chapeau et elle monte l'escalier de la maison sur pilotis. Déjà des tables cultuelles avec les offrandes au génie du foyer sont prêtes. Une femme riche, ayant encore son mari et des fils et des filles, parente de l'époux, ôte le chapeau de la mariée et la conduit dans sa chambre à coucher. Elle lui revêt sa robe de damas à dessins de dragons et l'épouse revient et se prosterne devant l'autel, son beau-père et sa belle-mère et sa nouvelle famille.

Devant les notables distingués du village l'épouse s'est également prosternée. Aussi ces derniers, accompagnés des habitants, lui souhaitent-ils respectueusement la bienvenue. « Aujourd'hui est un jour « heureux d'un mois faste », dit le premier notable, « vous êtes « réçue chez nous pour être à la tête des terres et des Muongs. « Recevez le nom de « ba-chu » (ou de ba-chuông). Grâce à vous les « habitants seront favorisés en leurs travaux divers. Vous donnerez le « jour à « chu » (garçon) et à « nang » (fille) pour continuer votre « génération et ce sera un appui pour nous. Lorsque des calamités « nous atteindront, vous nous donnerez des buffles et des bœufs pour « nous aider ».

Parfois, les fils de lang se marient avec les filles de notables ou de simples habitants, mais bien que ce mariage ait eu lieu avant tout autre, la fille mariée demeurera dans sa modeste condition avec le titre de concubine et, plus tard, les habitants chercheront pour le lang une « ba-chu » ou « ba-chuong » (fille noble descendant de famille de lang) pour être sa femme légitime.

Lorsque les lang épousent des filles de simples habitants, le village ne contribue point aux frais du mariage.

L'aîné d'un lang est appelé « chu » ou « chuông » ; les cadets « muongs », les premières filles « nang-a », les filles cadettes « nang-hai », et ainsi de suite.

Décès. — Lorsqu'il y a un décès, une cérémonie est célébrée pour le repos de l'esprit du défunt à laquelle préside le dieu du ciel « Ong-Gioi », car il n'y a pas de génie particulier de la mort. Cette cérémonie est réglée par un sorcier « thây-mo ». Dans les familles riches, des prières sont dites pendant trois jours et trois nuits ; durant un jour et une nuit seulement chez les simples habitants.

Femmes Muong joueuses de gong.

Après la cérémonie, le corps du défunt est placé dans un tronc d'arbre scié en son milieu, dont les deux parties creusées et rapportées l'une sur l'autre forment cercueil. Un cercueil ordinaire en planches peut être également employé. Deux ou trois ans, le corps est ainsi gardé dans la maison jusqu'à ce que la famille ait assez d'argent pour offrir un repas funèbre. Chez les simples habitants le corps est conservé bien moins longtemps, le repas étant de moindre importance.

La veuve doit porter le deuil de son mari trois ans. En principe, elle peut se remarier avant ce laps de temps. « S'il s'agit d'une veuve ingrate », elle peut même se remarier quelques jours après le décès de son mari. La confusion de part de notre droit civil est évitée du fait que si la veuve est enceinte, l'enfant à naître est l'enfant du nouveau mari.

Au décès d'un parent des langs tous les habitants viennent à la maison mortuaire concourir à la mise en bière, et à la confection du cercueil creusé dans un tronc d'arbre. Le cercueil est ensuite déposé sur un lit de camp. A la tête du mort seront installés des objets cultuels ; à ses pieds, des tables avec encensoirs. Le « Thây-Mô » suspend tout d'abord, acte auquel nulle autre personne ne peut procéder et à l'endroit qu'il détermine, le tambour de cuivre des quan-lang. Il récite l'historique de la famille et choisit l'heure favorable aux pleurs. A l'heure indiquée, les parents et les habitants se prosternent aux pieds du mort et les lamentations commencent. Le tambour de cuivre, le gong et 12 coups de canon muong ont annoncé l'heure des pleurs et des cérémonies funèbres. Les descendants, les membres de la famille, les administrés muongs, du vieillard à l'enfant, se coupent les cheveux et trois ans porteront le deuil. Toute distraction est défendue aux parents, voire même aux administrés.

Le corps est gardé dans la maison pendant trois ans. Deux fois par jour, les membres de la famille, pour cela seuls qualifiés, lui présentent des aliments. Cependant que le prêtre frappe sur le tambour de cuivre, terminant par cent coups distincts et espacés. Le bruit cesse, le « Thây-Mô » prend le plateau. Seul, il mangera les aliments offerts. Avant l'inhumation, la bière doit être couverte de trois couches de soie sous une quatrième enveloppe. Sur un panneau est inscrit le petit nom du défunt. Divers objets en papier sont fabriqués : chaise à porteurs, catafalque, maison pour l'âme du mort, maison contenant des statues d'ouvriers de diverses professions, barque pour le transport de l'âme du disparu, grand chapeau lui permettant de justifier, le cas échéant, de son identité, puis une autre maison à 12 étages en forme de tour.

Au décès du père ou de la mère d'un lang, trois roulements de tambours signalent l'événement funèbre aux habitants et de chaque maison qu'une personne garde, tous viennent s'informer de l'heure de la mise en bière. Un individu par maison repart chercher coton, étoffes, soie qu'il apporte chez le lang pour la mise en cercueil. Tous attendent dans la maison mortuaire la cérémonie des pleurs, la coupe des cheveux et la fin des prières des « Thây-Mô » qui, quelquefois, durent 3 et 5 jours. Alors seulement chacun rentre chez soi. Les habitants portent le deuil du défunt ainsi que ses propres enfants. C'est là un geste que dicte la coutume, que le quan-lang n'impose point.

Le jour de l'inhumation approche, thê-dao, ky-muc et les habitants calculent, selon l'importance des rizières à eux attribuées, le nombre de buffles, bœufs, porcs, la quantité de riz et d'alcool qu'ils doivent fournir. Eux aussi s'occupent de l'inhumation et désignent les personnes qui assureront la garde du tombeau pendant cent jours. Cette mesure est nécessaire, car des objets sont déposés sous la maison qui abrite le mort. Au centième jour, ces objets sont brûlés et la garde est levée.

Ce service de garde constitue simplement une preuve de gratitude de la part des habitants à l'égard des langs.

Maladies. — Les maladies sont causées par des fantômes. Un Muong malade fait venir le sorcier, afin de déterminer sous l'influence de quel génie il se trouve ; cependant que pour préparer une infusion, des gens vont chercher certaines herbes médicinales dans la forêt. Habituellement le sorcier prend un œuf qu'il fait cuire dans l'eau et, par l'aspect de l'œuf, précise le génie qui se manifeste. En son honneur, une cérémonie a lieu alors, au cours de laquelle sont ordinairement sacrifiés un porc, un chien, un poulet. Certains sorciers prennent des œufs déjà quelque peu couvés, en frottent la partie malade et, cassant l'œuf, font voir le sang qu'il contient, mauvais sang dont le patient souffrait et qu'ils ont retiré. Si un individu allant d'un lieu dans un autre tombe malade en cours de voyage, c'est qu'un mauvais esprit du premier village l'a suivi. Aussitôt il renvoie ses vêtements à l'endroit d'où il venait. Un sorcier récite des prières autour de ces effets que le mauvais esprit aussitôt abandonne. Les vêtements sont ensuite retournés au propriétaire qui, dès lors, doit être guéri.

Génies. — Parmi les génies des maladies, trois sont spécialement connus dans la région de Nho-Quan et du Lac-Son :

Ma Thàu-Theu, fièvres et coliques,
Ma Thiên-Câu, fièvres ;
Ma Cau-Lo, fièvres.

Puis viennent :

Ma-Em, fantôme dangereux qui cause parfois la mort;
Ma-So, fantôme bienfaisant qui se cache dans un coin de la maison ;
Ma-Gioi, sorte de génie de la vie agricole.

Vers le 3ᵉ mois, il est prudent de faire une cérémonie en son honneur afin que la récolte soit bonne. Ma-Gioi donne des boutons aux animaux. Par exemple : lorsqu'un porc est vendu, « Ma-Gioi » qui, jusqu'alors, avait plutôt veillé sur ce porc, le suit chez son nouveau propriétaire et provoque des boutons, signe d'une maladie dont la bête meurt.

La forêt est remplie de génies. Certains arbres, certains rochers ont des génies spéciaux. Le Muong n' a pas de religion.

Toutefois, il est un génie tutélaire plus invoqué, plus puissant que les autres, (en dehors de Ong-Gioi), c'est « Thanh-Hoang ». Des cérémonies sont célébrées, en son honneur, trois fois par an : au 10ᵉ jour du 1ᵉʳ mois, au 10ᵉ jour du 3ᵉ mois, au 10ᵉ jour du 10ᵉ mois. Il assure la tranquillité, la santé, la prospérité dans une région. Ces cérémonies se font au dinh et elles sont présidées par le chef du village. Tous les gens du village, par lui avertis, s'y rendent, apportent un poulet et un plateau de riz gluant. Après la cérémonie, un festin a lieu auquel prennent part tous les habitants.

* *

Légendes.

Au village de Yên-Diêm, canton de Lac-Dao, châu de Lac-Son, près de la montagne Nui-Da-Chang (montagne de la pierre blanche), vivait autrefois, et ceci se passa en des temps très anciens, une jeune fille A-Chang, d'une grande beauté.

Un jour qu'elle assistait au repiquage du riz, au milieu de nombreux travailleurs, en une très grande plaine, elle manifesta le désir d'avoir une noix d'arec et une feuille de bétel pour offrir à tous ces gens. Or, vous n'ignorez pas que les noix d'arec du pays muong sont renommées.

Aussitôt le ciel se couvrit de nuages, comme en un jour d'orage. Puis, le firmament redevint pur, A-Chang vit, devant elle, une feuille de bétel et une noix d'arce.

Elle se mit à préparer des chiques de bétel et elle en eut suffisamment pour tous les travailleurs.

Tout émue et étonnée, elle entra chez elle.

La nuit suivante, une personne se présenta à sa demeure, demanda à ses parents sa main pour Thuy-Phu, le roi des eaux, et, d'autorité, fixa le jour du mariage, recommandant de se procurer pour cette date cent vans.

Au matin, A-Chang, informée par ses parents, déclara accepter cette union à laquelle eux ne voulaient consentir. Au jour fixé pour le mariage, la jeune fille fut enfermée en une maison dont toutes les portes étaient en planches et fort solides. Bien entendu, les cent vans étaient là, ainsi que plusieurs mesures de piment bien pilé et bien séché que les parents avaient prescrit aux habitants de se procurer.

A leur arrivée, les membres de la famille du fiancé furent reçus en une autre maison où riz et alcool furent servis. Puis, ils se couchèrent dans les vans. Mais alors, les habitants s'aperçurent que tous ces êtres, revenus à leur forme originelle, étaient des « thuông-luông », de grands serpents d'eau rouges. Et de se précipiter sur le toit de la maison d'où ils jetèrent, à travers les paillottes du toit, le piment sur tous les vans. Et tous les « Thuông-luông » de s'enfuir, car ils ont peur du piment.

A-Chang, ayant essayé de briser les portes de sa prison, mais n'y pouvant parvenir, se glissa par la fente entre les planches et s'enfuit vers le ruisseau « suôi-chang », tout en interdisant aux gens de construire dorénavant des portes en bois sous peine de mort.

Depuis lors, son ordre est respecté.

Plus tard, le serviteur qui l'avait élevée vit, tous les jours, un épervier descendre, lui enlever ses poulets et s'enfuir dans la montagne.

Furieux, il prit un jour son arbalète, pourchassa l'oiseau jusqu'à la montagne.

Dans un berceau, un enfant reposait qu'une femme berçait. L'épervier se tenait à ses côtés.

« Vois, dit-elle au serviteur, ces jours-ci mon enfant a été fatigué.
« Aussi ai-je envoyé cet épervier te demander des poulets pour sacri-
« fier aux génies afin de sauver mon enfant »

A ces mots tout s'évanouit aux yeux du chasseur. Et cela se passa
en des temps très anciens.

Un mariage avec le roi des eaux (1).

La fille unique du thê-dao du hameau Nac, du village de Tuân-Dao,
du châu de Lac-Son, était d'une grande beauté. Son corps était aussi
gracieux que celui d'une abeille, ses joues étaient d'une blancheur
immaculée ; ses lèvres étaient de carmin ; ses yeux semblables à ceux
du phénix. Devant sa beauté, la lune aurait tremblé.

Un jour qu'en l'eau d'un puits, elle se lavait les cheveux, elle
aperçut une boucle d'oreille en or. Elle ordonne aussitôt à sa servante
de s'en saisir et la lui donner. Mais la servante n'y peut parvenir. A
peine met-elle les pieds en l'eau du puits que le joyau disparaît.

La fille du thê-dao veut s'emparer du bijou convoité.

Hélas ! en l'eau du puits, elle disparaît elle-même.

Affolée, la servante poussant des cris s'enfuit, court prévenir les
parents.

En l'eau, cependant peu profonde, plus rien ne se voit.

Les parents creusent le puits et découvrent une galerie. Plus profondément, ils creusent encore et à cent mètres trouvent enfin le corps
de leur enfant. Leurs cris de douleur retentissent, cependant qu'ils
ramènent le corps sur terre et en leur demeure, préparent les obsèques

Ce malheur avait été si subit qu'aucun cercueil n'était prêt. Un pin
fut coupé dont le tronc servit de bière. Actuellement, le pied de ce
pin existe encore en ce lieu.

Pour coller les deux parties du cercueil creusé dans l'arbre, on
écrasa en une pâte gluante les vers-à-soie qu'élevait la jeune fille
et desquels, depuis sa mort, plus personne ne s'occupait. Selon la
coutume du village, de la poudre de charbon devait être répandue sur
le cercueil. Le charbon manquant, du riz fut grillé que l'on pila et
dont le cercueil fut couvert.

____

(1) Légende de Lac-Son.

Mais peu après l'eau monta, et le roi des eaux reprit le corps de la jeune fille. Quant au cercueil, ouvert par le courant, les deux parties en furent détachées et entraînées par les flots : l'une au village de Thuong-Nhuong, l'autre au village de Yên-Diêm.

Elles s'y trouvent encore de nos jours. Si, par mégarde, vous les heurtez, inévitablement vous tombez malade. Au hameau de Xom-Mac, les rizières autrefois étaient belles. Elles ne produisent plus rien aujourd'hui, car les gens en ont jadis grillé les épis. Seule une petite parcelle dénommée « Buom-Nga » conserve son ancienne fertilité. Elle produit, à chaque récolte, dix charges de paddy pour le moins.

Un suicide par amour.

Au village de Ha-Bi, châu de Luong-Son, un jeune homme du nom de « Bong-Huong » et une jeune fille du nom de « Nang-Den », tous deux âgés de 16 ans, s'aimaient. Ils avaient fait serment de vivre ensemble, mais leurs parents ne consentant point à cette union, ils décidèrent de mourir.

Ils élevaient des vers-à-soie et le jour où ils quittèrent leur famille, ils en emportèrent un panier. Au moment où, dans leur village, ils allaient se suicider, un habitant les vit. Honteux, ils s'éloignèrent cherchant quelqu'endroit plus retiré.

Au village de Cu-Nhân, ayant dépassé le mamelon « Moi », ils déposèrent, sur une pierre, leur panier de vers-à-soie, pénétrèrent dans la grotte « Khu-Khênh » du village de Vau-Duc et là se suicidèrent.

Ainsi les pierres du mamelon « Moi » ont-elles aujourd'hui les formes de vers-à-soie ; alors qu'une autre pierre ressemble à un panier.

Le village de Khênh éleva une pagode en l'honneur de ces amoureux devenus leurs génies tutélaires.

***

Au village de Bao-La (châu de Mai) une voix céleste annonça un jour aux habitants qu'une jeune fille descendrait des nues afin d'être le génie tutélaire du village, mais qu'elle mourrait en arrivant à terre, qu'il fallait lui préparer un cercueil.

A quelques jours de là, l'événement s'accomplit. Une femme se trouvait sur les lieux qui se précipita vers la déesse et voulut lui parler.

Celle-ci se changea en poisson. La femme s'enfuit prévenir. Se retournant en sa course, elle revit la déesse étendue sans mouvement sur le sol. Les habitants l'ensevelirent et élevèrent une pagode en son honneur et l'appelèrent la dame « Ut ».

Les vœux formulés devant son autel sont en général exaucés.

*
**

Le quan-lang du village de Phu-Sang-Sach, aujourd'hui : Cao-Phong (Lac-Son) épousa une fille royale de la dynastie des Lê. Elle fut appelée : Truong-Ly. Ayant suivi son mari à Cao-Phong, elle créa, pour se distraire, un jardin de fleurs à Da-Cui. De petits cours d'eau serpentaient au milieu de parterres sous les arbustes.

Deux fées venues du ciel s'étendirent sur le lit de camp en pierre que, de nos jours, nous voyons là encore.

En ce temps, les gens du Phu-Sang-Sach se rendant au marché de Hoà-Lâm, aujourd'hui Phuong-Lâm. traversaient ce site merveilleux et les habitants savaient que deux fées y demeuraient.

A l'ombre du « cây-da » dit « cây-da-quan-chao », un jour. de marché, les jeunes filles s'arrêtèrent. Alors Chu-Dam, thô-lang de Hoà-Lâm, avait deux garçons d'une beauté extraordinaire : Khôi et Hoà. Tous deux étaient venus au devant des filles de Cao-Phong pour les courtiser et les jeunes filles leur parlèrent des deux fées. Khôi et Hoà partirent vers Da-Cui à leur recherche, les virent, se divertirent avec elles et, leur ayant juré qu'ils n'avaient point encore de femmes, les épousèrent.

Ils revinrent à Hoà-Lâm. Hélas ! en leur absence leur père avait pour eux choisi deux brus.

Aussi Khôi et Hoà moururent-ils subitement.

Dans les maisons sur pilotis du pays muong, les deux frères, devenus génies tutélaires, sont adorés et les prêtres muongs répètent cette histoire transmise ainsi oralement depuis l'antiquité.

*
**

La pagode Chanh dédiée au général « Thuong-Nai-Thuong Nai Dai Vuong Tam Vi Thuong Dang Thân » est située au village de Vinh-Dông, canton de Kim-Bôi, châu de Luong-Son, au sommet du rocher dit « Nui-Da Chanh ».

Cette pagode doit être en paillotte. Le génie assure la paix. Le roi Lê-Trang-Tôn venant du Lac-Son et se rendant à Hanoi s'y arrêta un jour d'orage. Son parasol jaune fut enlevé dans les nues. Il invoqua le génie, le priant de lui accorder la victoire. En signe d'heureux présage, son parasol retomba l'abriter. Lê-Trang-Tôn gagna les batailles et décerna alors ce haut titre au génie qui avait contribué à la conquête du royaume.

Grotte — Pagodes — Sites — Lieux remarquables.

Le barrage de Cho-Bo, à Cho-Bo même, au point terminus de la navigation des chaloupes à vapeur, est un des sites remarquables de la province de Hoà-Binh et même du Tonkin. A travers les rochers calcaires, entraînant le flot de la Rivière Noire, les eaux se précipitent entre les berges resserrées. Les piroguiers de Son-La et de Lai-Châu le franchissent néanmoins en une manœuvre impressionnante. Emportée par le courant, la pirogue s'est précipitée sur un rocher, mais un coup de barre et le danger est évité ; une autre manœuvre et, vertigineusement, l'embarcation franchit le rapide. Puis les coolies courbés se redressent, cessent de pagayer, rentrent les gaffes de bambou durci au feu et viennent accoster le long du banc de sable.

En amont, dans le petit port, les pirogues sont rangées : les pirogues de Van-Yên ; à côté, plus grandes, sont celles de Ta-Bu ; plus grandes encore celles de Lai-Châu dont l'arrière relevé porte la cage pour les poules, signe distinctif des embarcations de la haute Rivière Noire.

Au 3e mois de l'année Dinh-Ty, de la dynastie de Thuân-Thiên, un Mandarin de l'Annam allant guerroyer contre les Mans fit, à Cho-Bo, polir une large pierre et y fit graver le poème suivant :

> *De retour du combat contre les Moi Cat Hat et passant par ici, j'ai l'honneur de composer les vers suivants afin d'indiquer aux autres hommes comment dominer les barbares Man, Moi, Mang, Lê. Ces races ont un visage humain, mais le cœur de ces hommes est sauvage ; s'ils se révoltent, il faut immédiatement les battre, afin que les habitants de notre pays puissent vivre tranquilles. Il ne faut point craindre les mauvais climats, les mauvaises routes mais penser à rendre notre population heureuse ; quant à moi, j'estime que pour amener des troupes en vue de combattre ces sauvages, s'ils nous déclarent la guerre, les deux fleuves Thao-Giang (Fleuve Rouge) et Dà-Giang (Rivière Noire) sont pour nous deux voies de communication des plus commodes.*

Les cercueils de deux Tri-chau.

Cliché BARTHES

La stèle de Cho-Bo.

Cliché BARTHES

Le Quan-Man de la province Muong

Sur la Rivière Noire.

En traversant les mauvais chemins, je ne crains pas la fatigue. Je suis vieux, mais j'ai encore le foie dur comme le fer et la pierre.

Le patriotisme, les sentiments humanitaires font disparaître les milliers de nuages épais amoncelés.

Le courage, la bravoure font considérer les dix mille montagnes qui s'opposent au passage comme des routes planes.

Il faut penser, il faut chercher toujours à trouver de meilleurs moyens en vue de la défense de nos frontières contre nos ennemis, afin que le pays ne soit jamais par eux envahi.

Si nous nous soucions du sort de notre pays, nous devons toujours chercher à lui assurer la paix.

Ne parlons jamais des 300 rapides qui s'opposent à notre passage et qui sont difficiles à franchir.

Ne les considérons que comme cours d'eau tout à fait paisibles, comme si nous descendions un fleuve qui coule.

En la 1re quinzaine du 3e mois de l'année Nham-Ti 5e année du règne de Thuân-Thiên (1423).

Après son départ, la terre trembla, des épidémies sévirent. Aussi un autel fut-il élevé en l'honneur de cette pierre et du poème qui y est gravé.

*   *
  *

Au village de Huong-Nghia, châu de Lac-Son, dans la montagne « Khu-Dung », se trouve une grotte ayant trois galeries : celle du Bouddha, celle du Ciel et celle du Puits.

Dans la galerie du Bouddha, stalactites et stalagmites ont formé une pagode, sculpté des statues et des cloches.

La galerie du Ciel est percée à sa partie supérieure ce qui permet de voir le firmament.

Le puits qui se trouve dans la 3e galerie est peu profond, mais se vide et se remplit comme par enchantement.

*   *
  *

Une source d'eau chaude se rencontre dans le chau de Lac-Son au village de Qui-Hoà.

Près du village de Mai-Ha (châu de Mai, Suyut) un trou profond se remplit, lorsque montent, loin de là pourtant, les eaux de la Rivière Noire. Cette eau est salée, elle n'est point claire, des taches d'huile s'y remarquent. Bien des indigènes pensent que là, peut-être, il y a du pétrole. La croyance en l'existence de nappes de pétrole se rencontre également dans la province voisine de Sa n-Nua et d ns Son -La.

De nombreux périmètres miniers couvrent la province de Hoa-Binh.

Au village de Hung-Nghia, une ancienne mine de cuivre autrefois exploitée par les Chinois fut abandonnée lors de l'occupation française.

Dans le Luong-Son, une mine d'or fut autrefois exploitée par les Chinois, à Suôi-Tram, et une mine d'étain à Suôi-Sinh.
Du charbon a été trouvé à Xom-Cha, du village de Cao-Phong.

Dans le canton de Lac-Thanh, à Ngoc-Lan, existe une mine de zinc, mais le minerai serait pauvre.

Les anciennes dynasties exploitaient une mine de cuivre au lieu dit Dòi-Cat, du village de Huong-Nghia, canton de Lac-Dao.

Au moment de terminer cette étude sur la province de Hoa-Binh, je me demande qu'elle en peut être la conclusion. Dois-je, puis-je tracer un programme d'administration, exposer mes idées sur l'assistance médicale allant à la recherche des malades dans les villages ; sur l'enseignement primaire pratique, l'enseignement professionnel surtout, me lancer dans des aperçus économiques ? Je laisse à d'autres également le soin de découvrir par exemple, des sources minérales que mes prédécesseurs et moi avons pu signaler, tracer des routes qu'eux et moi avons déjà parcourues.

Que dirai-je donc ?

J'aime le pays muong et ses habitants, j'ai l'orgueil de penser qu'ils me le rendent bien. Aussi ma conclusion sera-t-elle : pour ouvrer à Hoa-Binh, il faut savoir se faire aimer.

Puisse cette étude y aider.

EXTRAIT DE LA
CARTE GÉOLOGIQUE PROVISOIRE DE L'INDOCHINE DU NORD
AU 1 : 1.000.000e
DU A L'OBLIGEANCE DE M. LE COMMANDANT DUSSAULT (D'APRÈS L'ÉTAT DES CONNAISSANCES A LA FIN DE 1923)

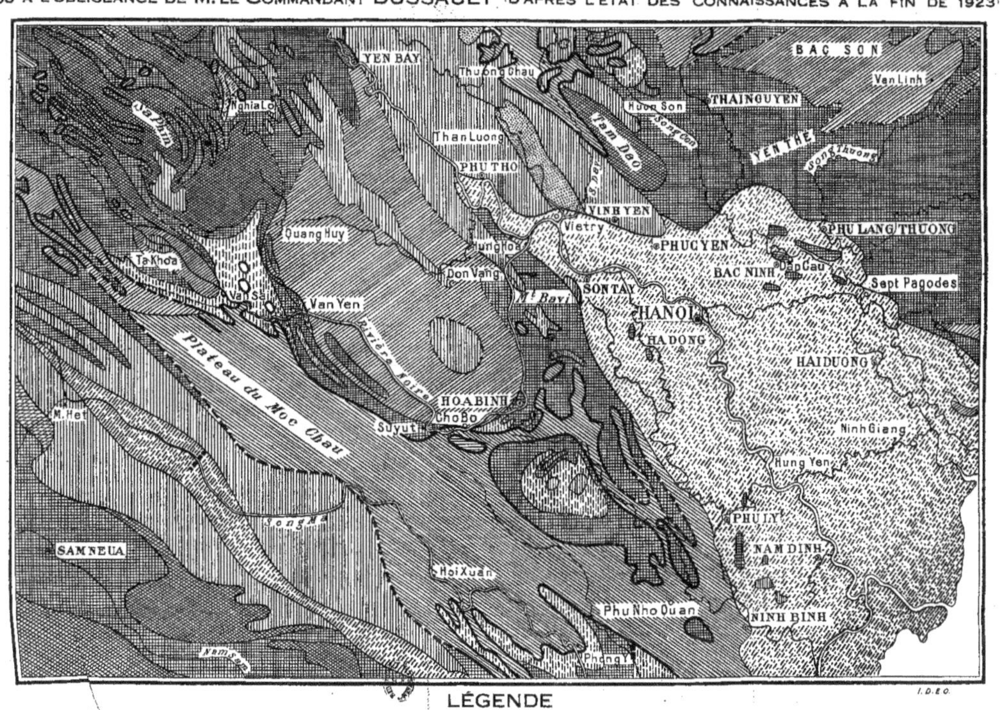

LÉGENDE

Terrains cristallins : Roches éruptives profondes et Schistes cristallins.

Terrains primaires déterminés ou vraisemblables.

Terrains vraisemblablement primaires et secondaires, charriés à l'Est les Nappes inférieures du Sông-Gam et du Sông-Chay, dans la région de Lao-kr, dans le Plateau du Moc-Châu et la chaîne frontière entre le Thanh-Hoa et le Tonkin.

Terrain secondaire.

Porphyres quartzifères (Microgranites, estérellites), rhyolites) généralement intercalés dans les terrains secondaires.

Porphyrites (Diabases, ophites, andésites, pyroxénites, etc.....) pour la plupart également intercalées dans les terrains secondaires.

Traînée basique (Gabbros, diorites et syénites à pyroxène, porphyrites.....) du Sông-Ma. Basaltes récents de Nghia-Hung, de Diên-Biên-Phu et du Haut-Mékong.

Couches à lignites des bassins tertiaires.

Alluvions anciennes ou récentes.

——— Contours géologiques reconnus.

----- Contours probables, obtenus par le raccord des précédents.

——— Contact anormal important et certain.

----- Contact anormal probable.

+ Salines actuelles ou abandonnées des régions lao-tiennes.

www.ingramcontent.com/pod-product-compliance
Lightning Source LLC
LaVergne TN
LVHW050636060726
842527LV00004B/1322